今を生きる思想

ジャン＝ジャック・ルソー

「いま、ここ」を問いなおす

桑瀬章二郎

現代新書
100
HUNDRED

講談社現代新書
2714

目次

はじめに

ジャン＝ジャック・ルソーとはいったい何者なのか。

この本ではできるかぎりシンプルに、だがふかく、ていねいに、その思想の独創性がどこにあるのかを考えていきたい。

一八世紀ヨーロッパで活躍した「過去」の人、ルソーについては、こんなイメージがいだかれてきた──「近代」を準備した人物。すなわち、『社会契約論』で近代人民主権の理論を展開した思想家。『エミール』で近代教育への扉をあけた理論家。『告白』で「私」について考えぬいた著述家。あるいは、全体主義へと通ずる危険な道をひらいた思想家。男性性／女性性という抑圧的な分類をつくりだした差別的理論家。自分の五人の子どもを「捨てる」といった恥ずべきおこないを暴露してみせた自意識過剰の作家……肯定的にせよ、否定的にせよ、わかりやすいイメージばかりだ。

ルソー、この不可解な人

そうしたイメージはどれも完全にはまちがっていない。部分的には正しいとさえいえる。

じつは、こんにちの研究者のあいだでも、ルソー思想についての唯一の常識的な解釈なるものは存在しない。それどころか、いまなおその思想をめぐって解釈が激しく対立している。ルソーという人物をどう評価すべきか。その著作をどう読むべきか。これは彼が、二七〇年ほどまえにフランスの「知識人界」に華々しく登場して以来、現在にいたるまでつづいている問いなのだ。ルソーという人物とその思想はつねに多様な、ときに対立しあう解釈の対象になってきたのである。

およそ古典とよばれる著作であれば、時代や論者の立場によって読まれ方がことなるのは当然だ、といわれるかもしれない。それはそのとおりだ。しかし、ルソーの場合は少々特殊といわざるをえない。厳密な哲学的考察はもちろん、いっけんすると単純きわまりない記述さえもが、さまざまな読解を誘発してきたし、誘発しつづけているからだ。ルソーの書いたものは、みたところなめらかな表面をしていてもじっさいにはザラザラとした粗さをそなえていて、そこではかならず乱反射のごときものがおこる。そして読む者はときにそのまぶしさに困惑する。幻惑され、動揺させられ、不安にさせられる。

本書ではそんな特異なルソー作品の概観と、その作品がうまれた文脈をしめしてみたい。ルソーという思想家も、その著作も、なんとも異質だ。いまだ謎としてのこっている部分もおおい。だから、それに接近するためには特別な方法が必要となる。序章では、まずルソー作品がふしぎなつくりになっていることを確認する作業からはじめよう。

「いま、ここ」でルソーを読む意味

さらに本書では、「いま、ここ」で、どのようにルソーの著作を読むことができるかをもしめしてみたい。

「過去」の思想を現在の状況に適用するには、どれほど注意をはらってもはらいすぎることはない。これは思想史研究や歴史研究の常識だ。「昔」の思想家の著作を、現在のために利用するとなると、アナクロニズムをおかす危険はいたるところにひそんでいる。おまけに、つねに解釈が対立してきたルソーという思想家とその著作が問題なのだから、なおさらその危険性はたかい。けれども、あえて現在への応用の道をいくつかしめしてみようと思う。

どうしてか。

それはルソーがいくつもの、おおきな「問い」にむきあったからだ。人民主権というとき、そもそも「人民」とは何か。「主権」とは何か。子どもの教育というとき、そもそも「教育」とは何か。教育される「子ども」とは何か。「私」というとき、「自我」とは何か。これだけではない。「政治」とは何か。「自由」とは何か。「不平等」とは何か。「愛」とは何か。「欲望」とは何か。「性」とは何か。「学問」とは何か。「アート」とは何か。「言語」とは何か。「幸福」とは何か……あまりにもおおきすぎるため、自明のこととして、私たちが「問いなおす」ことをさけているような問いばかりだ。

ところが、ルソーはこうした「問い」にむきあった。もちろん彼の生きた時代の「知」の枠組みが現在のそれとまるでことなっていたからこそ可能だったのかもしれない。私たちにとって、世界を巨視的にとらえようとする「総合知」など不可能であるだけでなく、危険でさえある。けれども、ルソーの探求から、彼の時代を代表するような著作がいくつもうまれ、それらは読みつがれてきた。これは否定しようのない事実だ。

いうまでもなく、ルソーの考察のすべてが「正しい」わけではない。なかには、吹きだしたくなるようなものもある。とても危険だと思えるものさえある。当然、それらには時代的制約もあっただろう。だが、彼はそうしたおおきな「問い」について根源から考えようとした。特異な視点から切りこもうとした。

自明とされてきたものが根底から揺らぎ、「近代」のもろもろの理論がつぎつぎと破綻していったいま、先にあげたような「問い」にむきあったルソーを参照することの意味はちいさくないはずだ。私たち自身がそうした「問い」に真正面からむきあうことはできないにせよ、ルソーの考察のなかに、私たちがおかれている状況について、あるいは現代社会の諸問題について考えるヒントをさぐることはできるだろう。

本書は何をめざしているか

そのためには、彼の思想的歩みと複数の「知」の分野にまたがる著作をていねいに、いわば横断的にみていく必要がある。彼がのこしたおおくの著作は密接に関連しあっていて、不可分だと、彼自身が強く主張しているからだ。さらに彼は、ルソーというひとりの人間とその思想は不可分だとも主張しているからだ。これら自体、とても特殊な主張だ。

なるほど、「政治」、「自由」、「学問」、「教育」、「子ども」、「私」、「自我」、「欲望」、「性」、「言語」といったものがわかちがたく結びついていることは私たちにもわかっている。けれども、くりかえせば、現在の「知」の枠組みは、そんなつながりを意識して包括的に物事を考えたりはせず、関心の中心から出発してある事象について緻密に思考するよう、私たちにうながす。私ももっともだと思う。

しかし私たちが、思考の枠組みそれ自体をうたがう時期にさしかかっているのであれば、さまざまなおおきな「問い」をつなぎあわせ、根源から考えようとしたルソーの著作は、私たちに思いもよらぬ斬新な視点をあたえてくれるにちがいない。そうした具体例をじっさいにいくつかしめしてみようと思うのである。

以上のように、本書でこれからたどる方法を説明してみた。だが、これだけではまだ漠然としていて、私たちがすすもうとする道がはっきりみえない、といわれるかもしれない。だから序章で、ルソーの知的目覚めの時期までを駆け足でたどりつつ、さっそくその手法を具体的に確認してみよう。

序章　ルソーを読むために

生い立ち

ジャン＝ジャック・ルソーは、時計職人イザックの第二子として、一七一二年に現在のスイス、ジュネーヴでうまれた。当時、出産は母子どちらにとってもきわめて危険なものだったが、母親は持続熱とよばれる産褥《さんじょく》熱の一種で一〇日ほどして死んだ。母親にかわって、叔母が世帯を切りもりし、乳母の助けをかりてジャン＝ジャックを育てた。

父のイザックは移り気で喧嘩っ早い人物だったようだ。ジャン＝ジャックが一〇歳のとき、ある退役大尉とのあいだで事件をおこし、出頭を命じられるがこれを拒み、子どもたちをおいてニヨンという町に逃亡してしまう。ジャン＝ジャックはボッセという村のランベルシエ牧師のところへ寄宿にやられた。数年間そこですごしたのち、ジュネーヴの叔父の家にもどり、まずは書記官のもとに、つぎに彫刻師のもとに徒弟奉公にだされた。だが、一七二八年に親方のもとを抜けだし、郷里ジュネーヴを出奔する。つまり、ジャン＝ジャックは、一六にもならない年齢で、手に職もなく、ほとんど教養もなく、たよるひともないまま、ほぼ無一文で祖国をはなれたのである。

放浪するうちにひとりの司祭に出会い、すすめられるがまま、プロテスタンティズムからカトリシズムへの棄教・改宗プログラムの流れに身をまかせる。その間《かん》に出会ったのが、ルソーがのちに「運命のひと」とよぶことになるヴァランス夫人であった。そして現在のイタリア、トリノで改宗。ジュネーヴ市民権を失った。各地を転々とする生活のはじまりである。舞台は当時、ヨーロッパ国際政治の点からも宗教制度の点からもきわめて複雑な状況にあったサルデーニャ王国だった。そして一七三一年、現在のフランス東部の都市シャンベリに住むヴァランス夫人のもとで暮らしはじめる。幼いころからの読書狂で、気ままな放浪生活をおくるあいだにも知的好奇心を刺激されることはあったようだが、本格的な知的目覚めはこの時期以降のことだ。

ルソーはほぼすべてを独学で学んでいった。まず熱中したのが音楽だ。音楽好きだったので、流浪の日々にも、まだよく知らぬこの芸術を、勝手に音楽家と称して教えたことがあった。しかし、今回はまるで熱量がちがう。すっかりこれに熱中し、ついにはほんものの音楽家になろうと夢みる。じっさいに「プロ」に教えをこおうとしたが、計画はうまくいかなかった。すこし先まわりして書いておけば、ルソーはパリでまず音楽家として、「知識人界」での成功をめざすことになる。

文芸や学問への関心もしだいにたかまっていき、これまた独学で本格的に学問を身につけようと奮闘しはじめた。一七三六年ごろのこととされる。そのさまは、「ヴァランス男爵夫人の果樹園」という最初期の刊行物（詩）のなかで描かれている。ロック、マルブランシュ、ライプニッツ、デカルト、プラトンといった大哲学者、プリニウス、ケプラー、ニュートン、ラ・イール、カッシーニのような高名な学者、さらにはラシーヌ、フォントネル、ヴォルテールといったかずかずの大作家――こうした古今の偉人たちと格闘する初学者ジャン＝ジャックの姿がここにはある。

この時期にルソーが発注した本、売却した本の記録がのこっている。そこには何冊もの数学関連書、キケロのような古典、歴史書、新聞、当時の必読書や話題の書が並んでおり、あたかも「知」の全領域に踏みいって、すべてを吸収してやろうという野心がうかがえる。

一七四〇年、ルソーはリヨンにむけて出発した。名士マブリ家で家庭教師の職をえて、ふたりの幼い子どもを教育することになったのだ。しかし、教師の仕事は一年あまりしかつづかず、いったんシャンベリにもどる。そしてそののち、いよいよパリにむけて出発することになる――富と名声をもとめて。

ルソーに近づくむずかしさとおもしろさ

……と、ここまで大急ぎで、誕生から知的目覚めの時期までをたどってみた。だが、じつはこうしたいっけん単純きわまりない伝記的事実をめぐってさえ多様な解釈が存在するのである。それこそがルソーという思想家をあつかうさいに直面する特殊なむずかしさであり、おもしろさでもある。いや、現代性といってもいいだろう。

そもそも思想家や哲学者を知るために重要なのはあくまで彼ら／彼女らが書きのこしたもの（テクスト）であり、彼ら／彼女らがどのような人物だったのか、どのような「生」をおくったのかなどは副次的な問題にすぎないとする立場がある。ひとつの正当な立場だ。

ところが、そのような立場からではどうもルソーにはうまく接近できない。どうしてだろうか。理由はいくつかある。主たる理由は、ルソー自身が、おおくの弁明的著作や自伝的著作とよばれる作品を書き、くわしく、あまりにもくわしく、みずからの「生」と「作品」と「思想」のつながりを説明してしまったからである。それらのつながりについて、本人が特異な解釈を提示してみせたのだ。この点にかんしては第四章で考えるので、ここでは、べつの角度からこの問題を具体的に検討してみよう。ひとことでいうなら、のちのルソー自身の説明を参照せずとも、やはり彼の著作にはその「生」がきわめて色濃く投影されている、と思わせるつくりになっているのではないか、そのような素朴な疑問をうかびあがらせるつくりになっているのではないか、という点である。

ジュネーヴ共和国市民であること

ルソーが現在のスイス、ジュネーヴでうまれたことは先にみた。正確にはジュネーヴ共和国、つまり都市国家である。だが国家といっても、都市の人口は二万人程度で、それが劇的に増加した一八世紀末でさえ三万人ほど。スイス連邦（盟約者団）には属していなかった。そしてなにより、ジュネーヴはプロテスタント宗教改革の地であった。歴史的にも、地政学的にもきわめて複雑な地域ということだ。商工業で繁栄してはいたものの、フランスのような大国とくらべればあきらかに貧しい。華美やぜいたくを禁じる奢侈禁止法のごときものがあり、劇場も禁止されていた。

プロテスタント共和国となって以降、ジュネーヴは、さまざまな変革を経験し、固有の政治制度をそなえた特異な状況におかれていた。この国では二〇〇〇人以下のごく少数の「市民（旧市民）」と「町民（新市民）」のみが政治的権利と経済的特権を有していた（ルソーは「市民」としてうまれた）。共和国の指導的機関で執行権を有する二五人の「行政官」からなるのが「小評議会（小市参事会）」。重要案件について意見表明する権利を有する諮問機関が「二〇〇人会議（参事会）」である。ところが、一七世紀ごろからいくつかの名家が門閥のごときものを形成し、主たる政治権力と富の分配を自分たちの手に集中させようとしはじめていた。その昔、すべての「市民」が参加していた「市民総会」は形骸化し、対立の場と化していた。また「市民」や「町民」のあいだでも分断と対立がすすみ、一七三四年の騒乱は多数の死者をだすほどの事態となった。

「ジュネーヴ市民、ジャン＝ジャック・ルソー」とこれみよがしに署名した著作のなかで彼が政治について考察するさい、ときに理想化しつつ、ときに現状を憂いつつ、くりかえし参照するのが、このちいさなジュネーヴ共和国——革命の「実験室」とよばれるほどの激動を経験する都市国家であり、その政治体制なのである（『社会契約論』ではこれが参照項だとされ、「立法者」としてのカルヴァンが称揚される）。ということは、いったい理念と現実、現実と理念の関係をどう考えるべきなのか。じっさいにルソーがみたジュネーヴと政治的・哲学的考察のためにルソーが描いた「自由」と「平等」の地ジュネーヴはどのような関係にあるのだろうか。

かりに理想化のようなものがおこなわれているとして、どうやら、それはこんにち私たちがおちいりがちな自国中心主義や自集団中心主義とはまったくちがうもののようなのだ。

謎に満ちた生——「捨て子事件」とヴァランス夫人

ルソーには、このほかにもかぞえきれぬほどの謎がある。いまだ解《かい》のない問いとよんでもいい。あげればきりがないが、ここでは具体例としてふたつの謎をとりあげてみよう。

①「**父**」　すでにみたように、幼いジャン゠ジャックは、喧嘩っ早く、じっさいに当局から有罪判決をうけた父親にいわば「捨てられた」。困窮の放浪生活をおくる時期にもルソーは、再婚してニヨンで暮らす父親に何度か会いにいっているが、とりわけ一七三一年の再会は危機的なもので、ジャン゠ジャックは父から冷たくつき放されてしまったようだ。再会後、「もうわが子とは思わない」と断言されたと嘆く悲痛な手紙を父に書きおくっている。その後も、母の遺産をめぐって父との対立はつづいた。そんな父を、しかしルソーは主要著作のなかでくりかえし極端なまでに理想化して描いているのだ。美化した父をそこまでして登場させるルソーの意図はいったいどこにあるのだろうか。

これまた先まわりして書いておけば、パリで暮らしはじめたルソーはテレーズ・ルヴァスールという女性に出会う。一七四五年ごろのことだ。そして生涯の「伴侶」となるそのテレーズとのあいだに五人の子をもうけるが、五人とも孤児院に「捨てた」のである。ある歴史家によれば、当時のフランスでは孤児院に「捨てられる」子どもの数が爆発的に増加し、一七七二年には四〇％を超える新生児を中心とする子どもが委棄されたようだ。しかし、そのような状況を考慮するとしても、『エミール』をはじめとする著作のなかで、

「父」のあるべき姿や「父の義務」についてかたったルソーが当事者であるこの「事件」は、はたしてたやすく正当化されるものだろうか（『エミール』冒頭ではこの「あやまち」が読者にほのめかされる）。

これからじっくりみていくが、「父」や「家族」はルソーの思想においてきわめて重要な概念である。ならば、それらを純粋に理論的な構築物とみなすべきだろうか。理論的構築物だとすれば、それらをうみだしたことを、いったいどう評価すべきなのだろうか。そもそもそんなルソーという人物についてどう考えればよいのか（現在なら「一発アウト」だ）。このように、無数の問いがつぎからつぎへとうかんでくるのだ。

②ヴァランス夫人　もうひとつのわかりやすい例はヴァランス夫人との関係である。ルソーは『告白』という自伝のなかで、この女性との関係を詳細にかたっている。まさに「魂の共感」だとして。出会ったときジャン＝ジャックはまだ一六歳。夫人は一六九九年うまれだから二〇代後半である。自分がおこした事業が破綻したためか、「家庭内の心痛」のためか（一四歳で結婚している）、夫人はその二年まえに財産をもって逃亡し、アヌシーの聖母訪問会でカトリシズムに改宗していた。そして、すでに「愛人」のひとりだったクロード・アネという下男らとシャンベリで暮らす家にルソーをむかえた。一七三一年の

ことだ。翌年、ルソーとの関係が、彼自身の表現によると「近親相姦」のごとき肉体関係へと変化し、ジャン゠ジャックは夫人の身体をアネと「共有」するようになる。そのアネは数年後、謎の死をとげる。自殺だった可能性がたかい。それからさらに数年たち、今度はルソーが第一の「愛人」の立場を他の男にうばわれてしまう。夫人はしだいにルソーを遠ざけるようになり、ルソーは家のなかで孤立し、ついに家を去る決心をする。

しばしばみおとされるが、ルソーは「女性」や「恋愛」の大理論家でもある。「愛」の思想史や哲学史で彼の名がひかれないことはない。この点にかんして、とりわけ一八世紀後半からロマン主義の時代まで、ルソーの影響力は絶大だった。第二章でみるように、その影響力は『エミール』、『ダランベールへの手紙』といった作品、そしてとりわけ世紀の大ベストセラーとなった恋愛小説『新エロイーズ』にもとづいている。

ところがそんなルソーが、『告白』では、かずかずの著作で構築した女性像とはまるでことなる女性としてヴァランス夫人を描いた（古文書がつたえるヴァランス夫人は『告白』の記述ともまったくことなっている）。「家庭」をすて、奇妙な愛他主義なるものからおおくの男性に身をまかせ、散財をつづけて、ほぼ破産状態におちいったヴァランス夫人を、もっとも美しい魂の持ち主で、もっとも善良かつ誠実な「天使のような」女性として描いたのである。

ならば、「女性」や「恋愛」にかんしても、理念と現実は乖離していると考えるべきなのだろうか。そのとおりだとすれば、「性」や「愛」の理論家ルソーの「真意」はどこにあるのだろうか。ちなみに、ルソーは「伴侶」テレーズについて、生涯で一度も「恋」を感じたことがない、とはっきり書いている。

更新される生

このようなルソーという謎にみちた人を現代の状況にひきつけてみよう。彼は、当時の思想家としては例外的といえるほど、「私」の「生」をこのんでみずからの思想に埋めこもうとする思考者だった。否定的にかたられることがおおいこんにちの自己や自己意識の肥大化。諸説あるが、SNSなどはその象徴かもしれない。ルソーはそのような自己を積極的に思考に取りいれようとした、と現代の読者の目にはうつるだろう。さらに、ルソーはたえず自分の思想とその「生」を「更新」していった、書きかえていった、と。

あるいは、いやおうなく「私」にその「生」をさらすようううながし、「私」にかんする情報がすべて「データ化」されてしまうデジタル社会――ルソーはそれを先どりするかのように、自分の「生」を言語化し、公《おおやけ》にしていった、とうつるかもしれない。そして、デジタル社会の功罪としてかたられるように、その作業は彼によろこびとともにくるしみをもたらした、と。

だが、こんなふうにも考えられる。自分と自分の経験をたえず参照する作業（自己客観化）、これを極限までおしすすめることで、ルソーは思想家としての武器にした。かつて社会科学において対象の客観化は認識主体にもとめられる基本的な姿勢とされていた。だが、認識対象をまえにたえず自己を参照して、反省的契機にするという「方法」は、こんにちの社会科学において注目をあつめているのだ。

読者のみなさんはどう思われるだろうか。

以上のように、本書をあえて謎や問いを提示することからはじめたのは、なによりもまず読者に、ルソーという思想家の、そしてルソーの思想の多面性と特殊性を理解していただきたいと考えたからである。いうまでもなく「生」と作品の関係は、あくまでその一例だ。これからみる厳密な理論的考察、つまりその「哲学」でさえ、読んでいくと無数の問いがつぎからつぎへとうかんでくるつくりになっている。彼の著作はいわば無数の解釈にひらかれているのだ。

じつは、ここにあげたほとんどすべての問いには、ルソー自身によって解《かい》があたえられている。それも、なんとも特殊な解だ。複数の解があたえられる場合もある。それがまたルソーの著作にふしぎな魅力をあたえている。この点を念頭におきつつ、思想家ルソーのつぎなる歩みをたどっていくことにしよう。

第一章　思想家になること

ジャン＝ジャックがルソーになるまで

1　名声をもとめて

一七四九年一〇月のある日、ルソーはヴァンセンヌ城の牢獄に収監されていた親友の哲学者ドニ・ディドロ（一七一三—八四年）に面会して元気づけようと、徒歩でヴァンセンヌにむかっていた。『メルキュール・ド・フランス』誌を読みながら。するとディジョン・アカデミーの懸賞論文の課題が目にはいり、「霊感」にうたれる。まるで天啓のようなその「霊感」につきうごかされて、『学問芸術論』となる論文を書きあげた。論文は一等入選し、大成功をおさめ、ルソーは彗星のごとくあらわれたスターになる——いわば本人の意に反して。

……これがルソー自身による説明である。なんともわかりやすい説明だ。考えぬかれた物語《ストーリー》ともいえるだろう。

夢はついえた

だがじっさいには、当然ながら、この成功までにルソーは無数の試行錯誤をくりかえしている。パリへむけて発つまでの時期にすでに彼はいくつもの詩を書いていた。先にあげた『メルキュール・ド・フランス』誌のために準備した天体論もある。いわゆる年代誌のようなものも構想し、序文を書いている。刊行目的ではないが、家庭教師をしていた時期には教育論まで書いていた。

のこされたこの時期の草稿から判断して、ルソーがもっとも力を注いだのはやはり音楽だ。ルソーは演劇作品にくわえて、すくなくともふたつの「悲劇」、現代でいうところの「オペラ」を書いている。出来はともかく、そうとうなエネルギーを要したであろうことはうたがいようがない。そしてシャンベリからパリへむけて出発したさい、彼が成功をおさめ、財をなすことまちがいなし、と考えたのが、音符を数字で表記するという音楽の「新記号案」だった。

しかし、自分の研究成果から、いったいどのようにして価値をひきだせばよいのか。当時のパリはすでにヨーロッパの文化の中心地だった。ルソーと同じように富と名声をもとめておおくの知識人があつまっている。そこで必要となるのが人脈だ。しばしば「社交性」はフランス文化の特質といわれるが、成功のために不可欠な信用、信頼といったものの基盤となるのが人と人のつながり、ネットワークなのだ。

当時、学問や芸術の世界をめざす人間にとって重要な入口になりはじめていたのが複数のアカデミーである。現在の「学会」とはずいぶんことなり、知識人や名士からなる領域横断的な学術的つどい、といったものを思いうかべていただければよいだろう。

ルソーは知人をたよって、一七四二年、ついに科学アカデミーで音楽の「新記号案」を朗読する機会を手にいれた。だが、審査員からは期待していたような称賛をえられず、なんとか出版にこぎつけた原稿もほとんど評判にならなかった。

つまり、夢は、はかなくついえた。

だが、この失敗をふくむ、パリに到着してから『学問芸術論』刊行前後までの時期は、ルソーの思想形成を考えるうえできわめて重要なのである。とくに、つぎの二点についてはどうしてもふれておかなければならない。ひとつは、「知識人界」、つまり当時の知識人たちをとりまく状況。もうひとつは、ルソーにとっての音楽の決定的な重要性だ。

「啓蒙の世紀」

フランスの一八世紀は「啓蒙の世紀」ともよばれる。啓蒙の定義は無数にあるが（たとえばカントの有名な定義）、ここではあえて、「おおくのひとびとに知識をあたえ、啓発する」というもっとも単純な意味で理解しておこう。その啓蒙の社会では、「啓発する」人物、すなわち知識人の重要性がたかまる。これは、ヨーロッパ中でみられた現象だが、とりわけパリには無数の知識人やその卵があつまっていた。街のいたるところで、さまざまな領域の主題をめぐってあつい議論がかわされる。その場はカフェ（イギリスのコーヒー・ハウスにちかい）であったり、サロン（私邸でおもに女性がひらいた知的つどい）であったり、アカデミーであったり、フリーメイソンのロッジであったりした。書簡でも情報や意見がかわされる。劇場で上演された作品や役者について、演奏された音楽や歌手をめぐって、刊行された書物や作者にかんして、そこかしこで議論がなされる。その議論からまたあらたな作品や刊行物がうまれる。科学や医学、博物学や「異国」がブームになり、ちょっとした発見や報告がすぐさま哲学や文学に取りいれられたりもした。そんな活気にひきつけられるように読者がふえ、書き手もふえ、しだいにのちに「公衆」とよばれるものが形成される。

ルソーの著作はこのような状況のなかで書かれた。たえずこうした社会を意識して、このような「公衆」にむけて書かれた。これはとても重要なポイントだ。

現代ふうにいうなら、ルソーは当時のメッセージ発信のルール、つまり「ゲームの規則」、たとえばいまならＳＮＳを駆使したセルフプロモーション、デジタルマーケティング、新人むけの表彰による権威づけ、といったルールを完全に受けいれ、読まれることによって自分に最大の利益をもたらしうるひとびとにむけて書きはじめたのだ。

さて、パリで暮らしはじめたルソーは、さっそく啓蒙の社会で人脈を築いていった。ルソーにかんして、孤独な思想家というイメージをおもちのかたもいるかもしれないが、すくなくともこの時期の彼はおどろくほど積極的にさまざまな学者や哲学者や作家たちに接近している。きわめて精力的に「知識人界」で交友関係をひろげているのである。これも「規則」通りだ。

知りあった人物のなかには、たとえば、一八世紀フランスの劇作家としてこんにちもっとも有名なマリヴォー（一六八八―一七六三年）がいる。また、フランス感覚論の代表的哲学者として知られるコンディヤック（一七一四―八〇年）。そして、著名な数学者にして物理学者、哲学者であるダランベール（一七一七―八三年）とともに世紀のプロジェクト『百科全書』を始動させることになる哲学者ディドロ。すでに劇作家としての地位を確立していたマリヴォーには、ルソーは自作『ナルシス』をみせ、手をいれてもらっている。ほぼ同い年のコンディヤックとディドロとはひんぱんに会い、親交をふかめた。ルソーがこのふたりの天才からおおくを学んだことはまちがいない。

したがって、ルソーが『学問芸術論』を公《おおやけ》にする時期に、のちにフランス啓蒙思想の代表作とみなされる書物がつぎつぎ刊行されたことは偶然ではない。人間の「認識」の生成過程を「言語」に注目して論じたコンディヤックのデビュー作『人間認識起源論』（一七四六年）。法と政治についての思考を根底からつくりかえたモンテスキュー（一六八九―一七五五年）の『法の精神』（一七四八年）。当時のアクチュアルな医学界の事件から出発して俗にいう唯物論的無神論を展開したディドロの『盲人書簡』（一七四九年）。「人間」を広大な自然史のなかに位置づけるビュフォン（一七〇七―八八年）の記念碑的な『博物誌』の刊行も一七四九年にはじまる。そしてその二年後の一七五一年には『百科全書』の刊行が開始される。文化史というあらたな側面をもつ歴史叙述を展開したヴォルテールの『ルイ一四世の世紀』（一七五一年）もつけくわえておくべきか。

まるでこうした知的興奮の渦に巻きこまれるかのようにルソーはみずからの書物を公刊しはじめたのだった。

ヴェネツィアとフランスの上流社会

ルソーが交友関係をひろげていったのは「知識人界」だけではない。それと隣接し、かさなりあう社交界でも知人をふやしていった。その結果、ある婦人の推薦で、駐ヴェネツィア、フランス大使モンテギュ伯爵の秘書の地位をえる。一七四三年、ルソーはヴェネツィアにむけて発った。

貿易、商業、政体、軍事制度、文化などによって、ヨーロッパ中で神話のごとき存在となっていた東地中海世界の都市国家ヴェネツィア。もっとも、ルソーが到着した時期のヴェネツィアは、政治面でも、商業面でも、軍事面でも、すでにいちじるしく影響力を低下させていた。またルソーがモンテギュと対立し、そのもとを飛びだすまで、滞在期間はたった一年ほど。そもそも彼は大使付の一秘書にすぎなかった。

それでも、ルソー自身によれば、この期間に、現在いうところの国際関係や国際政治の現実をみた、ということになる。たしかに、ルソーが大臣や各国大使に書きおくった公文書や外交文書はかなりの分量になる。なかには興味深いものもなくはない（たとえばオーストリア継承戦争をめぐる各国の思惑）。そして、『告白』では、まさにこの時期、かくも称賛されていたヴェネツィアの「統治形態の欠陥」に気づき、そこから『政治制度論』（『政治学概論』）の着想をえたと書くことになるのだ。『政治制度論』こそ彼のもっとも重要な著作になるはずだったものであり、唯一完成した部分があの『社会契約論』である、と。

パリにもどると、ルソーはふたたび居場所をみいだそうとしてもがいた。そんなルソーに一七四六年、おおきな転機がおとずれる。富裕な総括徴税請負人のデュパン家で秘書として働くことになったのだ。徴税請負人はその財力で当時、社交界のみならず、「知識人界」でも影響力をましていた。ときに批判の対象となるほど華やかで豪勢な暮らし。そんな生活に光彩をあたえるのが才人や、いまでいう芸術家だった。ルソーはその役割を演じることを選択したわけである。じっさい、この時期のルソーは娯楽のために作曲をしたり、劇作を書いたりしている。まるで、彼がすぐのちに断罪することになる富によって堕落した華美な生活そのものだ（もっともルソーは化学をはじめ、貴重な研究の機会もえている）。しかし、それもまた「啓蒙の世紀」の現実だった。

音楽家ルソー

もうひとつ、注目すべきは音楽だ。学問や音楽を独学で学びはじめた若きジャン＝ジャックはふたりの心の「師」をみいだした。詩や劇作ではヴォルテール（一六九四―一七七八年）。フランスの一八世紀が「啓蒙の世紀」とよばれることは先にみたが、「ヴォルテールの世紀」ともよばれる。それほどの存在だ。音楽ではラモー（一六八三―一七六四年）。ラモーは一八世紀フランス最大の作曲家であるだけでなく、最大の音楽理論家でもあった。そして、ラモーの理論書『和声論』（一七二二年）こそがルソーのいわば教科書だった（教科書としては難解すぎるのだが）。

ところで、「新記号案」の失敗によって、ルソーは音楽をあきらめたわけではなかった。《優雅な詩の女神たち》という「オペラ」（正確にはバレエ）をつくりはじめたのだ。ヴェネツィアからもどるとこれをしあげ、試演にこぎつける。そして、まさにその時期にあたる一七四五年、予期せぬ仕事がまいこむ。なんと、ふたりの「師」、ヴォルテールとラモーの作品を、オペラ（一幕バレエ）《ラミールの饗宴》へとつくりかえる「修正」作業をまかされたのだ。ルソーはこの作業に没頭する。ルソーの貢献がどの程度のものだったかについては諸説あるが、「啓蒙の世紀」を代表する三人がふしぎなかたちで交錯したのだ。もっともルソーはふたりの「師」とのちに激しく敵対することになるのだが。

さらに、『学問芸術論』の成功後の一七五二年には、《村の占い師》というオペラ（幕間劇）をつくる。こちらのほうはじっさいに上演された。それも国王の御前で上演され、大成功をおさめた。ルソーによれば、あらたな時代の到来をつげる作品、音楽史上、真に革新的な傑作ということになる（私にはとてもそうは思えないのだが）。

では音楽理論のほうはどうか。ルソーはさまざまな原稿を書いていたが、この領域でも決定的な出来事がおこる。ダランベールとディドロがプロジェクト・リーダーをつとめる『百科全書』に音楽関連項目を執筆することになったのだ。ルソーは、きわめて短期間で、音響学、作曲理論、演奏理論、音楽史、音楽美学など、四〇〇ちかくの項目を書きあげる。ところが、そこでは「師」ラモーがくりかえし暗に参照され、批判されてもいた。それゆえ、ラモーは反駁書をあらわし、ルソーを痛烈に批判する。ひとり目の「師」との断絶だ。

ルソーはさらに一七五三年には、大事件となる論争書『フランス音楽にかんする手紙』を刊行する。当時、イタリア音楽とフランス音楽の優位性をめぐって激しい議論がおこっていた。「ブフォン論争」とよばれる宮廷をも巻きこんだ大論争だ。イタリア音楽の心酔者としてふるまっていたルソーの書物は、フランス音楽、フランス文化を徹底して攻撃する党派的書物として「公衆」に受けとられた。ラモーはというと、これを自分自身への批判と受けとった。党派的対立であると同時に、理論的・思想的な対立の産物でもあったわけだ。『和声論』以降も「和声」こそが音楽の本質であるとしていたラモーにたいして、ルソーは「旋律」こそが本源的要素であると主張したのだった。

このように音楽はルソーにとって、また、ルソーの思想のなかで重要なものでありつづけた。たしかに、ある時期から音楽作品や論争書は発表されなくなる。だが、音楽をめぐる思考は彼の主要著作のなかにくみこまれ、深化させられることになった。つまり、音楽はルソーにとって——古代から現代にいたるまでしばしばそうであるように——「哲学」の一部をなしていたのである。じつは、「師」ラモーへの再反論も準備されていたのだが(通称『ラモー氏によって主張された二つの原理の検討』、あるいはそれと関連する「旋律の起源」と呼ばれる草稿)、これは『言語起源論』における社会・言語学的人間論に発展させられることになった。それだけではない。一七六七年に刊行される『音楽辞典』がはっきりとしめしているのだが、音楽をめぐるルソーの思考は、政治思想の一部をなしてさえいるのである。

2　スター誕生――『学問芸術論』

学芸に魅了され、啓蒙の社会で自分の居場所をみつけようとしてもがき、ついには、総括徴税請負人に高額でやとわれて、その贅沢な暮らしに彩りをあたえる立場についたルソー。そんな彼の名を一躍ひろく知らしめたのが『学問芸術論』（一七五一年）である。当時の批判的読者の嘲笑的な言葉をかりれば、まさに「学問」に没頭し、啓蒙の社会に暮らしているにもかかわらず、「学問」、「芸術」（技芸）、「贅沢な暮らし」を批判する論文ということになるだろうか。さっそくその内容をみてみよう。

ディジョン・アカデミーがだした課題はつぎのようなものだった。「学問と芸術の復興は習俗を純化するのに貢献したか」。

ルソーは文明史を駆け足でたどり、文芸や学問の発展、とりわけルネサンス以降の発展を念頭において、すぐさまつぎのような印象的な文章を書きつける。「学問、文芸、技芸」は統治機構や法律ほど「専制的」ではないが、おそらくそれより強力であって、「人間がつながれている鉄鎖を花環でかざり」、人間にうまれつきそなわる「本源的自由」をおし殺したうえで、自分たちがおかれている「奴隷状態」を好むようにしむけ、いわゆる「洗練された国民なるもの」をつくりだしている、と。

なんとも挑発的な書きだしだ。すでに「お題」がかなりひろげられてもいる。

さらにルソーは、洗練された趣味や礼儀作法というフランスが誇る宮廷文化をも批判する。礼節や儀礼は、人間を「内面」と「外面」に分断し、精神を「いつわりの画一性」でしばる制度だというのだ。疎外、つまり、人間が本来あるべき自己の本質を失った状態をまねくというのである。

そして、「学問、文芸、技芸」の発展による「習俗の退廃」という、啓蒙の社会でおこっている現実、つまり、負の結果、いやむしろ相関関係をしめすために、古代に例をとる。エジプト、ギリシア、帝政以降のローマ、中国……。古代ペルシア人、スキタイ人、共和政以前のローマ人……。このように、「いま、ここ」にある問題を、ことなる時代や地域に舞台をおきかえて論じるのは当時の叙述スタイルである。

来るべき思考へ

ところで、高度な文明の発展によって習俗が腐敗した国にも、学芸の害悪にそまらず、「徳」の重要性をといた人物がいた。ルソーが例としてあげるのは、ふたりのまるでことなる偉人だ。ひとりは古代アテナイのかの有名なソクラテス。もうひとりは、古代ローマの執政官ファブリキウス。ファブリキウスは、啓蒙知識人の必読書『英雄伝』で、プルタルコスが古代ローマの「徳」の典型として描きだした人物である。ルソーはそのファブリキウスの口をかりて、失われた「素朴さ」に「不吉な栄華」を対置するのである。作品中もっとも有名な箇所のひとつだ。

『学問芸術論』は二部構成になっているが、第二部では、学芸のさまざまな危険性が指摘される。そもそも学問は起源からしていかがわしいとのべたあと、ルソーはたくみに当時の「ホットな」話題に議論を移行させる。先にのべた「趣味」、つまり審美眼や嗜好や流行の問題。そして「奢侈」、つまり、過度な壮麗さ、ぜいたくの問題である。こんにちふうにいいかえるなら、奢侈は富の再分配と技術革新をもたらして国家を繁栄させるのに寄与するのかどうか、そこに倫理、宗教、法、政治はどのように関係するのか、という問いだ。

ルソーは、学芸と奢侈は不可分であるとし、それらは総合的に国力を弱めるとする。また、学芸は「趣味」を柔弱で皮相にし、習俗を腐敗させるとする。そのさい、ルソーがいわば実例としてとくに強く非難するのが二流、三流の知識人、芸術家である（彼自身がその立場にあったわけだが）。その数がおおすぎる、というのだ。そして市民、つまり国民がすくなすぎる、というのだ。なんの価値もない作品やぜいたく品をうみだそうとする凡人で都市はあふれかえり、ほんとうに有益な職業について、たいせつな「労働」をするひとびとがなおざりにされている。だからこそ、学芸で栄える啓蒙の社会にはほんとうの徳も幸福もない、とされる。

たったこれだけのことか、と思われるかもしれない。現代の読者の目には、たんなる「知」の大衆化への異議申し立て、いや、ききあきた反知性主義的な、あるいは反進歩主義のメッセージとうつるかもしれない。だが、この啓蒙の楽観的な進歩主義の批判を、私たち現代の読者は、知らぬまに「必然」としてすりこまれたテクノロジーの進化や、それを正当化するさまざまな言説について考えるために利用することもできるだろう。

ところで、このみじかい論文は、主要著作からさかのぼって読まれることがおおい。それが一般的な読み方だ。だから、正しいかいなかはべつにして、私たち現代の読者はどうしても、のちの思考の萌芽、のちの緻密な理論的考察の萌芽をここにみようとしてしまう。人口、習俗、疎外、女性、社会的紐帯、そして国民の紐帯……たしかに主要著作で発展させられる主題ばかりだ。

いずれにせよ、興味深いのは、この論文自体が、そんな来るべき思考を、すでにほんとうにうまれたのかもしれないが、いまだ言語化されていない思考を、あたかも予告するかのようなつくりになっている点だ。

そもそも、ルソーは、学問を全否定しているわけではない。ベーコン、デカルト、ニュートンのようなかぎられた真の天才のみが足を踏みいれることをゆるされた世界だといっているのだ。そして論文の冒頭と末尾ちかくにあらわれるのが、「真の哲学」という言葉でいいあらわされる思考なのである。現代のほんとうの天才にもとめられる、来るべき思考。そのようなものが存在するとされるのだ。

論争家ルソー

『学問芸術論』は大評判になった。すぐさまおおくの論客がペンをとり、ルソーを批判した。ルソーは何度も応戦し、ますます「公衆」の注目をあつめた。この論争はふたつの意味でルソーにとって重要である。①短期間でのおどろくべき思考の深化。②著名性の獲得、つまり有名であることによってもたらされる力や権威、現代ふうにいえば象徴権力の獲得。

①思考の深化　まず、多数の反論から、ルソーがさまざまな「考えるヒント」をえていったことに注目してみよう。

「奢侈」を例にとる。ルソーは「奢侈」について、あるときは哲学的に、あるときは政治学的に、歴史学的にさらに考察をふかめる機会をえた。奢侈は生存にとって「必要」なものとどのような関係をもつのか。それは国の規模や社会全体の生産力とどう関係するのか。歴史的にどう位置づけられるのか――ルソーはそうした考察をとおして、私的所有の誕生という点に着目し、人間の「本源的善性」をみちびきだしている。人間はうまれながらにして、本性的に善である。これは主要著作を通底する主張だ。

「奢侈」のほかにも、学問と不信仰の関係、あるべき教育のかたち、といった問題について考察の対象をひろげる機会となった。ルソーの思想の本質とされることになる「人間についての認識（知識）」の重要性もはっきりと言語化される（のちにルソーはこれを「人間の理論」とよぶ）。このあとにつづく著作の鍵概念がかたちづくられはじめたわけである。いちど退廃した習俗を過去の素朴な状態にもどすことは不可能なので、学芸によって、「病」をやわらげるべきだという主張も明確になる。

だが、こうした論点以上に重要なのは、ルソー自身の思想的立ち位置が確立されたことだろう。発表された反論のおおくは、ルソーの「雄弁」と「文体」の魅力をみとめつつも、ルソーの主張を「逆説」（当時の意味で、常識とみなされていることに反する説のこと）であるとして批判するものだった。すなわち、きらびやかな文章で「逆説」をとなえるルソーの論文は、現代の言葉でいうところの知的遊戯、もっと俗な言葉をつかえば「逆張り」にすぎないというのである。注目をあつめることが目的で、ルソーは自説などまるで信じていないというのである。

これにたいして、ルソーは徐々にみずからの立場を明確にしていった。そしてついには、『学問芸術論』は「人間の本性、諸能力、使命などを誠実に検討した所産」であり、「悲痛にして崇高な真理の体系」だと書くにいたる。これこそが真の「人間学」だというのである。それと同時に、ルソーはみずからを、「独立した」存在、だれにも隷属しない存在であり、「同胞を愛し」、なにごともおそれぬ「孤独な」思想家と位置づけるにいたる。自説を信じていないどころか、それは絶対的な確信であるというわけだ。この主張の現代的意味は第二章でくわしくみよう。

以上の例がしめすように、論争はルソーの思想形成のうえでとても重要な意味をもっていた。じじつ、これ以降に書かれる作品のおおくは特異な論争性をおびていく。

②セレブリティ さて、この論争は、無名のルソーにとっては願ってもない好機となった。彼はその好機をのがさなかった。友人や知人によって論争の場が周到に準備されたことも重要なポイントだ。そして、著名な人物が参戦すればルソーは応戦し、みごとに最大の効果をひきだしてみせた。

一七五二年には、これまた友人の協力をえて喜劇『ナルシス』をコメディー・フランセーズで上演させ、問題の論争の延長線上に位置づけられる、ながい序文をふして翌年刊行する。一七五三年のサロン（ルーヴル宮殿での美術作品展示）には、世紀を代表する肖像画家カンタン・ド・ラ・トゥール（一七〇四―八八年）による肖像画《ポートレート》が展示された。セレブのあかしだ。そして、すでにみたように、「オペラ」で大成功をおさめ、音楽論争書で物議をかもし、どんどん知名度をあげていった。

　こうしてルソーはすでに複数のイメージにつつまれていた。まず、学芸や上流社会の批判者という単純なイメージ。つぎに、「逆説」を弄《ろう》する雄弁な才人、世間をにぎわす挑発的論争家というイメージ。また、流行作曲家、つまり文章だけでなく音楽でも「公衆」の話題をさらう異才のイメージ。さらには、大胆な批判的思考を展開する前衛的知識人グループに属する党派的人物というイメージ。最後に、ルソー自身だけがいだいていたかもしれない、独自の立ち位置をみいだした思想家のイメージ。

　すでに指摘してきたように、ルソーが置かれたこのような状況は、私たちが生きる現代社会の状況を想起させる。インターネットの日常化のなかで（インターネットがどこまで関連しているかはべつにして）、けっしてひとつに収束することなく、ひたすら分裂していく自己像。あたかも私たちが日々経験しているように、ルソーが望もうが望むまいが複数のルソー像がどんどん変貌し、増殖していくことになるのだ。

3　哲学者ルソー？――『人間不平等起源論』

そこに『人間不平等起源論』によって、あらたなイメージがつけくわわる。最後の「独自の立ち位置をみいだした思想家」のイメージにちかいが、むしろ二〇世紀に定着したイメージかもしれない。

きっかけは今回もアカデミーの懸賞論文だった。課題はつぎのようなものだ。「人間のあいだの不平等の源《スルス》はいかなるものであるか、そして不平等は自然法によって正当化されるかどうか」。

準備期間は六ヵ月。応募はされたが、審査対象とならなかった。あまりにも分量がおおかったためである。アカデミー論文という形式からひどく逸脱していたためでもある。もちろんルソー自身がそのことをはっきりと意識していたようで、はやくから自分で刊行を計画し、出版業者との交渉にはいっている。

一七五五年に出版された『人間不平等起源論』（以下『不平等論』と表記）は二部構成で、それに、序文、いくつもの長大な注とジュネーヴ共和国への献辞がふされている。その献辞は、ジュネーヴという国、その地理的・歴史的状況、とりわけその政治制度にかんする注目すべき考察である。たんに美辞麗句をつらねただけのようにもみえるが、考えぬかれた重要な「呼びかけ」とも読める。ちなみにジャン＝ジャックの父親も立派な衣装をまとって登場している。

いずれにせよ、『不平等論』を手にとる読者がまずおどろくのは、その圧倒的な情報量だろう。じつは、ルソーは、他の著作のために何年もまえから重要な書物を精読する作業をおこなっていた。それに、先にふれたような知識人たちとの親密な交流から貴重な知的刺激をうけてもいた。それでもやはり、当時、「政治」や「人間」について考えるための必読書とされていた哲学書、博学者の書物、旅行記などがふんだんに、それもたくみに組みこまれていることにはおどろかされるだろう。ルソーのあふれんばかりの知的情熱がつたわってくる。

「いま、ここ」にある不平等を問う

くりかえせば、この作品については、こんにちなおいろいろな解釈がある。ここでは、もっとも標準的といわれる道のひとつをたどってみよう。

ルソーがこの論文にあたえた正式タイトルからして示唆的だ――『人間のあいだの不平等の起源と基礎にかんする論文』である。すでに問いが根底から立てなおされているのがわかる。「源《スルス》」ではなく「起源《オリジン》」と「基礎」もしくは複数の理由や根拠の探求が問題だとされ、課題にあったふたつ目の問い（「不平等は自然法によって正当化されるかどうか」）は表面上消しさられてしまっている。

この時点ですでにルソーの試みの現代性はあきらかだろう。格差、いびつな世界の富の力学といったさまざまな「不平等」は現代世界が直面する最大の難問のひとつであることはうたがいようがないからだ。しかし、まずはルソーの議論をたどってみよう。

すると「方法論」がしめされる序文と第一部の序（エグゾルドとよばれる演説の導入部）でアカデミーがだした問いがさらに劇的にひろげられていることに気づく。ルソーの哲学の本質といわれる問いがあらわれるのだ。つまり、人間とは何か――「人間の理論」だ。そして、「いま、ここ」にある人間を理解するためには、どのような理由、経緯、歴史で「いま」、あるような存在になったのかを理解することが不可欠だととかれる。いいかえれば、人間本来の「体制」、あるいは「成りたち」におこったもろもろの変化に由来するものと、人間の「原初的状態」に由来するものとを峻別しなければならない。

ここですぐさま注意が必要だ。「自然人」、すなわち自然の状態にある人間が検討されるわけだが、それはあくまで「文明人」、社会もしくは都市に暮らす人間、ひいては「いま、ここ」にある人間、啓蒙の社会を生きる人間を特徴づけるためだということである。「自然人」はそのための装置だといってもよい。

①「自然の状態」とは何か？　第一部ではいわゆる「自然の状態」が描かれる。いや、むしろ偉大なる先人たちが展開したきわめて多様な「自然状態」説の再検討というべきだろうか。ルソーは近代自然法学派ともよばれるグロティウスやプーフェンドルフ、さらには自然状態について独自の理論を展開したホッブズやロックに対峙する（極端に単純化すれば、「自然状態」とは国家がうまれるまえの、いかなる政治的権威も存在していない状態のことである）。そして、先人たちの影響下で、われわれがあやまって、人間に「自然に」、つまり「本性として」そなわっているとしてしまっている諸要素を、つぎつぎと、ひとつひとつ、入念に取りさっていくのである。理性、情念、社会性、所有欲、敵意……いちばんの難所は「言語」だ。その「言語」は括弧にいれるとして、そうしたものは、ルソーによれば、「自然の状態」にはいっさい存在しない。極論すれば、第一部でルソーは、「自然人とは何か」を論じているというよりも、「自然人でないものは何か」を論じているともいえる。こうして「自然の状態」について正しく知ることによって、現在の状況、不平等が人間の生存さえおびやかすまでに拡大した現状を、正確に理解することができるというのだ。

ここでも現代におきかえれば、ルソーのいう不平等はじつになまなましい。所得と私有財産の格差拡大、富の偏在、世襲財産、貧困、食料危機、エネルギー危機、そしてそれが政治そのものに、私たちの思考そのものにおよぼす影響……。では、そのような状態から人間はいかにして「社会状態」に移行し、「いま、ここ」にある文明の状態にいたったのか。それを論じるのが第二部だ。

そのさいルソーがもちいるのが「仮説的条件的類推」という「方法」である。エグゾルドには次のような有名な表現がある。「ですからいっさいの事実を遠ざけることからはじめましょう」。事実にもとづかない「仮説」。だがそれは虚構でもたんなる物語でもない。じっさい、ルソーは、「いま、ここ」にある人間から「歴史」の出発点までさかのぼることの「方法」を、「自然学者」の「方法」になぞらえている。ルソーは科学的・哲学的基準のごときものの提示をめざしているのである。

②「いま、ここ」ではないところへ　第二部の書きだしはあまりにも有名なので目にしたことのある読者もおられるかもしれない。

「ある土地に囲いをして、「これは私のものだ」ということを思いつき、それを信じてしまうほど単純なひとびとをみいだした最初の人物こそが、まさに政治社会の創設者だった」。

このように、所有権の確立が「仮説的」人類史の大転換点とされる。ここでいう所有とは土地所有のことだ。こうして、ルソーは偉大なる先人たちと再度、決定的に対立する。そしてあらたな人類史を描きだすのである。難問である「言語」もふたたび取りあげられる。

もう一度確認しておくと、「いま、ここ」にある文明にいたるまでをたどることが目的なので、ルソーには、人間におこった不可逆的な変化をしめすことがもとめられる。家族の誕生、農業の出現、冶金の発見といったもろもろの「大変化」や、分業、富の蓄積がそうした不可逆的変化としてあげられる。したがって、社会状態への移行はいかなる「因果性」によっても説明できない。それにたいして、「偶然性」が強調される。ルソーにおけるこの「偶然性」はきわめて特殊だ。それは自然の「必然性」に対立するものだからである（これらの用語を正確に理解する必要はまったくない）。

さらに、『不平等論』の鍵概念のひとつに「自己完成能力」というものがある。これは「進化」を可能にする、人間にそなわった潜在能力というよりはむしろ、その「可塑性」のごときものだ。

では、このような不可逆的変化と「偶然性」と「可塑性」にもとづく人類史をたどることにはどのような意味があるのか。それによって、つぎのようなことがあきらかになるのだ。人間は「いま、ここ」にある人間とはことなる人間にもなりえた。文明は、「いま、ここ」にある文明とはことなる文明にもなりえた。結果的に人間の生存さえおびやかす状況をまねくことになった所有権の確立という大事件も、べつのかたちでおこりえた……。旅行記や他の文明、とりわけ「未開」の文明についての書物が、過剰と思えるほど参照されるのはそのためだ。現にことなる暮らしをしている人間が存在しているではないか。現にことなる文明が存在しているではないか。現にことなる所有のありかたが実践されているではないか。

このように、「自然の状態」からはじめたルソーは、不平等の極限までの拡大、政治体の腐敗、その帰結としての専制の到来までを描く。あくまで「人間の本性」という「事実」にもとづく過程として。それにたいして社会状態への正統な移行過程についての検討は『社会契約論』でなされることになるだろう。

無数の可能性にひらく

『不平等論』は以上のように読むことができる。私たちはまるで「哲学者ルソー」誕生の瞬間に立ちあっているかのようだ。じっさい、このような読み方をつきつめ、『不平等論』をルソーの作品中もっとも緻密な哲学的思考が展開されたものとする解釈もある。

だが、私は先にこうことわっておいた。「もっとも標準的といわれる道のひとつ」をたどってみよう、と。だから、もちろん、『不平等論』はそれ以外の無数の解釈にもひらかれている。「言語」についての記述は質、量ともに突出しており、ルソーは『言語起源論』、『エミール』、『音楽辞典』でもべつの角度からこの問題を取りあげているので、言語をめぐるゆたかな思考の一側面と考えることもできるだろう。また、二〇世紀には、人類学、人間学の創始者ルソーの誕生をつげる論文としても読まれたのだから（たとえばレヴィ＝ストロース）、まさに異文化理解なるものの困難を、あるいは自分たちの世界観がきわめて限定的な文脈でしか通用しないことを知る契機ともなるだろう（たとえば私たちはイスラームについていったい何を知っているだろうか）。

より具体的な例をあげれば、格差拡大と富の偏在を現代世界が直面する最重要課題のひとつとするトマ・ピケティにならって、あるいは彼から距離をとりつつ、不平等について再考する契機ともなるだろう。私たちが経験したここ数十年のハイパーキャピタリズムは極端なまでの富の集中をもたらしたが、それはしばしば能力主義の名のもとに、あるいは、経済効率性やあらがいがたい潮流としてのグローバリゼーションを口実に、正当化されてきた。ピケティは『資本とイデオロギー』（二〇一九年）において、その現象の根底にいくつもの「イデオロギー」をみいだし、人類史の各段階において、各体制が不平等を正当化して超不平等社会を維持するためにもちいてきたさまざまな「イデオロギー」と比較しつつ、膨大なデータをもとに批判的に検討した。

もちろん二一世紀のピケティの歴史観、世界観、提案する変革は、いかなる意味でもルソー的ではない。むしろ反ルソー的だ。しかし、現代の平等と不平等をめぐるさまざまな研究をひもとくさい、ルソーの「仮説的」人類史は、たとえばデータの不在といったそれが書かれたさいの時代的制約ゆえに、かえって貴重で斬新な視座を私たちにあたえてくれている。

第二章　孤立を選ぶこと

拡散していくルソー像

1 『百科全書』と「エコノミー」項目

もちろん当時の読者のおおくは『不平等論』をそのようには読まなかった。むしろ『学問芸術論』で展開された啓蒙社会の批判の延長線上にある書物として受けとった。

もっとも、『不平等論』を、不平等や格差を知識人が取りくむべき喫緊の課題と位置づけた著作と考えるのは、それほど突拍子もない見方ではないのかもしれない。『不平等論』が刊行された一七五五年、ルソーは『百科全書』第五巻に寄稿した「エコノミー」項目で、あらたな国家統治のありかたについて考察し、貧しい者の負担をかるくすることをめざす特異な租税論を展開しているからである。こんにちの社会科学においても、不平等や格差の問題を論じるさい、税制や所得再分配の「方法」はきわめて重要な主題になる。

「エコノミー」とは何か

とはいうものの、ルソーのいう「エコノミー」はなんとも古めかしくみえる。のちに『政治経済論』(『国家運営論』)というタイトルで刊行されたこの項目で論じられるのは、当時の「エコノミー」という語が意味するところ、すなわち財や人の管理、または国家の運営や統御である。こんにち「経済」という語で私たちがイメージするものは、かろうじて

第三部でふれられるにすぎない。おまけに、そこで提案される税制や公有財産論なども、いかにも懐古趣味的とみえるものばかりだ（ちなみに辞典項目であるにもかかわらず「わが祖国」「ジュネーヴ」の制度がやはり礼賛され、署名までなされる）。

しかし、じつは、ルソーは「経済」の問題について一貫して注意深く考えていたともいわれる。それを政治的正義の条件として考えていたというのだ。つまり、重商主義から、一八世紀後半に影響力をます重農主義にいたるまで、さまざまな「エコノミー」理論に対峙していたのだ、と。さらには、うまれつつある「自由市場」とその理論たる「経済学」に批判的なまなざしをそそいでいたのだ、と。そんな角度からルソーの思想的歩みをたどることもできる。もっとも、こうした経済哲学者としてのルソー像をめぐっては、いまだに激しい議論がつづいている。

それはともかく、まちがいなく、この「エコノミー」項目でもルソーの思考は深化している。ルソーはまず、ここで「父権」を明確に否定する。「父権」とは王権神授説や絶対王政の支持者たちの理論の根底にある概念である。つぎに、ルソーは「主権」と統治と統治機構、つまり「政府」、政治権力の行使を峻別する。これまたおおきな一歩だ。さらには教育の問題にもむきあう。ここでいう教育とは、私教育ではなく公教育である。『社会契約論』へと徐々に歩みはじめているようではないか。

分身にして親友ディドロ

それだけではない。ルソーは、ここでかの有名な「一般意志」概念をはじめて導入するのだ。

「エコノミー」項目の第二部、第三部のおもな部分を書きあげていた段階で、ルソーは「分身にして親友」であるディドロが執筆した「自然法」項目の原稿に目をとおした。そこには、「一般意志」が鍵概念としてあらわれていた。それを読んだルソーは強烈なインスピレーションをうけ、項目の残りの部分を書きあげる。さらには全体に「一般意志」概念をしみわたらせる作業をおこなう。

こうしてルソーが「エコノミー」項目で導入した「一般意志」概念は、最終的に、ディドロの「一般意志」概念と決定的にことなるものになった。ディドロはこれをほとんど生物学的といえる個人の「人類」にたいする、いわば共通の「基準」としてもちいていたが、ルソーは「一般意志」をあくまで一国家内での「正義」の「基準」とした。似て非なる概念につくりかえたわけである。『社会契約論』でみがきあげられる「一般意志」概念にちかいものがこうして誕生した。

ルソーは、「エコノミー」項目と密接な関係にある『社会契約論』の「ジュネーヴ草稿」とよばれるバージョンで、ディドロとの立場の相違をさらに鮮明にしている。その相違は、『言語起源論』にもはっきりとあらわれることになる。

ディドロはこれらの原稿を読んでいなかったが、聡明な彼のことだからこの立場のちがいに気づいていたかもしれない。そして、このことが象徴するふたりの思想的対立――すでにはじまっていたともされる思想的対立はより鮮明になっていき、最終的にディドロとルソーは訣別することになった――そうまとめられることもある。だが、「いがみあう兄弟」ともよばれるふたりが決裂するにいたったのは、はたしてそれだけの理由からだろうか。

2　孤立をみずから選ぶ

すこし時間をまきもどそう。

『学問芸術論』の成功後、ルソーは、のちに「自己改革」とよぶものをはじめた。それは段階的にすすんでいったとされている。だが、そもそも、ルソーのいう「自己改革」とはいったい何なのか。端的にいえば、それは、自分が表明した思想と哲学を実生活でも実践すること、である。のちの自伝的著作の表現をかりれば、財産や出世のすべての計画を永久に放棄し、「独立不羈《ふき》と貧しさ」のうちに生きることを選択すること、である。

自分を改革すること

なんともラディカルな選択ではないか。こんにち、自由に思考するために、外的権力からの圧力をさけようとする知識人や文化人などいるだろうか。そうした権力は政治、宗教、経済だけでなく、ますます複雑に構造化されている。

この「改革」は「身なり」からはじめられたとされるが、とくに重要だったのが「仕事」の選択である。当時の知識人は、よほどの資産家でもなければ、先にのべたような裕福な徴税請負人や貴族にいわば寄生するほかなかった。あるいは、権力者にすりより、名誉職や年金をあたえてもらうほかなかった。それこそが啓蒙の社会の文芸庇護《メセナ》制度というものだった。

富裕な総括徴税請負人のデュパン家は、秘書をしていたルソーにたいして、すでに『学問芸術論』の成功まえから給与をあげ、さらに彼をそれまでよりはるかに有利なポストにつけていた。さて、ルソーはどのようにふるまったのか——彼はこの恵まれたポストを辞し、なんと「写譜」で生活していくことを選択したのである。楽譜を一ページいくらで写すという「労働」によって「賃金」をえることにしたのだ。だれにも依存せず、だれからも束縛をうけず、「独立」をまもるために。

だが、思いだしていただきたい。ルソーは喜劇『ナルシス』を上演させ、オペラ《村の占い師》をつくり、さまざまな論争文を書いて、一躍社交界の寵児になっていた。おおくの知識人、とりわけディドロや「哲学者たち」とよばれる前衛的知識人たちのネットワークに完全に組みこまれていた。私生活では、テレーズとのあいだにうまれた子どもをあいかわらず「捨てて」いた。

エルミタージュ——「独立」と「自由」の場所

それでもルソーは「自己改革」なるものをおしすすめていった。そうなるとつぎに重要になるのが、どこで暮らすか——居住地である。

一七五四年、ジュネーヴでプロテスタンティズムに再度改宗し、市民権を回復したルソーは、祖国に定住することを考えはじめていた。だが、さまざまな理由からこの計画を断念する。そこで選んだのが、（これまた）裕福な総括徴税請負人デピネ氏の所有する、森深い郊外の別邸にあるエルミタージュという場所だった。ここを提供したのが、妻のデピネ夫人。彼女は、その「愛人」にして、ルソーの大親友でもあったグリムという知識人をはじめ、ディドロやドルバックといったおおくの「哲学者たち」と近しい才女だった。

すでにみたように、啓蒙の社会において、「社交性」は知識人が生きていくために不可欠のものだった。劇場や社交の場があり、さまざまな知的交流のさかんな都市こそが、学芸をもっとも必要としている場所であることは、だれの目にもあきらかだ。そんな大都市パリを、ルソーははなれる決意をしたのである。のちの自伝的著作をまたずとも、この時期の手紙は、「選びとる孤立」をめぐる思考の貴重な証言となっている。ルソーによれば、真に考えるためには、そして真に「哲学する」ためには、「独立」と「自由」が不可欠なのだ。

しかし、読者はすぐさまこう思われるはずだ。都市からはなれた場所とはいえ、それは結局のところ富裕な庇護者であるデピネ夫人によって提供された場所ではないか。「写譜」で生活するとはいえ、仕事をえるにはデピネ夫人や富裕な知人の人脈にたよるしかないではないか……まったくそのとおりである。だが、ルソーは実現不可能とみえるこの理念にあくまでこだわろうとしたのだ。

のちにディドロ、デピネ夫人、グリムらとルソーが絶交した要因はいくつもある。ルソーの特異な友情観や思想的対立なども当然その要因とされる。だが、「自己改革」によってしだいに明確になっていった、いっけん奇想天外なルソーのこの行動理念も、まちがいなく、絶交の要因のひとつとしてきわめて重要だ。

この奇妙な行動理念はこんにちでも、もちろん筆者をふくむ私たちがみずから思考しようとするさいに、さけてとおれない問題でありつづけている。考えてもみていただきたい。私たちはなんの「忖度」もせずに思考したり研究したりできるだろうか。そもそも学問や研究のための「資金」はどこから提供されるのだろうか。それは、法律上の意味ではなく、ルソーのいう意味で「正当な」ものだろうか。はたしてそれは「学問の自由」を保障する「正当な資金」なのだろうか。世界の名門大学や名だたる研究所のうち、いったい「自由な思考の場」と誇れる機関がいくつあるだろうか。

「最初の、たった一度の」恋

エルミタージュ滞在期間中、ルソーにとってもっともおおきな出来事は、ドゥドト夫人という女性への恋だった。ルソーはくりかえし、生涯で一度きりの、ほんとうの恋だったと書いている。ドゥドト夫人はデピネ夫人の従妹かつ義妹で、一七三〇年うまれ。当時、サン゠ランベールという「愛人」がいた。このドゥドト夫人への実らぬ恋と、とりわけそれをめぐる友人たちのふるまいも、ルソーが「孤立」を選ぶにいたった重要な要因だといわれている。

いずれにせよ、ルソーはデピネ夫人、ディドロ、グリムらと衝突し、ついにはデピネ夫人から「貸しあたえ」られていたエルミタージュを去ることになる。そして、モン＝ルイという場所にうつった。「選びとる孤立」は、ルソーにおいて、ときに「強要される孤立」としての様相をおびている。

こうして、またあらたなルソー像がうまれていった。庇護者の厚意を踏みにじる恩知らずな作家。啓蒙の社会の常識を無視し、その社会を捨てたふりをする異端児。自分勝手でぶっきらぼうな哲学者。

確認しておこう。「社会を捨てる」という点にかんしていえば、なるほど、無数の協業ツールがあるこんにちのデジタル社会では、文字通り社会から遠くはなれて思考することも可能ではある。だが、ルソーの生きた時代にあって、それは挑戦であり、明白な挑発と受けとられたのだ。

3 あふれでるアイデア——『ダランベールへの手紙』

『不平等論』を刊行し、エルミタージュで暮らしはじめ、さらにはモン＝ルイへとうつりすんだこの時期にルソーは、これ以外にも私生活で無数の悩みやトラブルをかかえていた。病にもくるしんだ（さまざまな病をわずらったルソーを生涯悩ませたのは尿閉、排尿障害である）。そんなかで、ルソーは多様な著作を構想し、執筆していった。刊行用でないもの、未完のものをふくめれば驚異的な分量になる。

おそらくエルミタージュ期以前に書かれた未完の草稿としては『戦争法の原理』や、すでにのべた「旋律の起源」がある。さらに『新エロイーズ』の構想と執筆もはじまる。サン゠ピエール関連著作とよばれる、抜粋の作成と批判的検討の作業もおこなわれる。ドゥドト夫人への恋からは『道徳書簡』という奇妙な「手紙」がうまれた。デカルトの『方法序説』の形式をかりながら、デカルトとはまったくことなる道をたどりつつ、「道徳の規則」と「思考法」と生きる術《すべ》についてソフィ、つまりドゥドト夫人にむけてわかりやすくかたる、奇妙だがとても重要な「手紙」だ。『社会契約論』や『エミール』として結実する構想もすすむ。すべてをあげればきりがない。

『ダランベールへの手紙』

だが、これらの作品のおおくには共通するひとつの要素がある。いまやフランス文化の代表者となりつつあったパリの友人たち、つまり啓蒙の知識人たちからの離反だ。それがもっともはっきりとあらわれるのが『演劇にかんするダランベール氏への手紙』（以下『ダランベールへの手紙』と表記）だろう。

きっかけは一七五七年、『百科全書』第七巻でダランベールが発表した「ジュネーヴ」項目だった。じつによく書かれた項目である。ただ、ダランベールはジュネーヴの牧師たちを「ソッツィーニ派」と形容していた。ソッツィーニ派は異端の代名詞である。さらに、ダランベールはジュネーヴを「進歩的」都市国家として称揚しつつ、劇場や演劇が禁止されていたこの地に劇場の設立を提案していた。ルソーはこれに反論する。進歩的文化の導入に断固として反対するのである。「祖国」をまもるために。

宗教、奢侈、不平等、劇場と「エコノミー」や習俗の関係といったように、この著作にはおおくの論点がある。あえて演劇そのものについての議論のみをたどってみよう。

じつは演劇と劇場、俳優と女優をめぐっては、きわめてながい論争の歴史がある。可能なかぎり単純化していえば、反対派の神学者たちは演劇を不道徳で危険なものとして批判し、擁護者たちはこれを道徳教化の場にしうると主張していた。啓蒙の知識人たちは、彼ら固有の論理から演劇を擁護し、あらたな道徳的演劇を模索していた。啓蒙の「公衆」たる観客にふさわしい、「公衆」のための演劇が必要だというわけである。ディドロもその道をすすんでいたし、じっさいにあらたな劇作品をつくり、独創的な演劇論を書いている。

「公衆」の力

では、ルソーはどうか。ルソーはパリでは彼らといっしょに毎日のように劇場にでかけるほどの演劇狂だった。すでにみたように、みずから劇作品もつくっていた。もちろん「オペラ」もつくっていた。それに、『ダランベールへの手紙』以降にも、『ピグマリオン』という音楽劇をつくっている。ルソーの美学思想の結晶ともいわれる傑作だ。

そんなルソーが、いったいどのように演劇を批判するのか。

ルソーの独創は「公衆」たる観客の力に注目する点にある。これまた現代ふうにいうならば、購入、再生回数、引用、コメント、拡散などによって「公衆」は力をもつ。ときには暴力もふるう。つまり、「公衆」を啓蒙しようとする劇作家は「自由」ではない。「公衆」に気にいられなければならないからだ。「公衆」への隷属の法則——これがルソーの演劇論の出発点だ。すると、俳優にもおなじ法則があてはまることがわかる。俳優はみずからの意志ではなく、他者の意志にもとづいて、観客がのぞむように演じる存在だからである。つまり、疎外された存在ということになる。女優についても同様である。女優は金のために「公衆」にみられ、みる者の欲望を喚起し、その欲望をみたすことをもとめられている。

ならば、「公衆」すなわち観客に気にいられる場である劇場とはいったい何か。それは快楽のみが原則となり、情念がみたされるための場にほかならない。情念といっても、それはいつわりの情念だ。ルソーにいわせれば、劇場という空間はいつわりの情念が礼賛され、すべてのタブーが消しさられてしまう危険な快楽の空間なのである。じじつ、観客のおのおのは、舞台で演じられる、情念にもとづく近親相姦や親殺しといった大罪をたのしんだのち、劇場をあとにしていくではないか。

このような劇場こそが「徳」を弱めることになる。「徳」は共和国、ルソーの考えるジュネーヴの、その「政治」の根幹をなすものだ。この「徳」をまもるためにこそ「両性の分離」が不可欠となる。ルソーによれば、ほんとうの「徳」は男性性そのものだからである。「徳」こそが情念に抗う力だからである。こうして、『ダランベールへの手紙』ではおおくのページが、こんにち悪名高い「両性の分離」にさかれることになる。

スペクタクルの効果

だが、演劇が共和国を破壊しかねない危険な文化装置であるとすれば、演劇を排除するだけでよいのだろうか。まったくそうではない。ルソーによれば、逆におおくの「スペクタクル」が必要になるというのだ。「それら「スペクタクル」がうまれたのは共和国においてなのです。それらがほんとうの祝祭の姿で輝くのがみられるのは共和国のただなかにあってなのです」。

このようにしるされる祝祭とは、いったいどんなスペクタクルなのだろうか。なにものでもない祝祭。ほぼ「無」からはじまり、ほぼ「すべて」となるような祝祭である。「広場のまんなかに、花でかざった一本の杭」をうち、人民をあつめる。それだけでよいのだ。それ以外何も必要ではない。この「無」にちかい契機からこそ真の祝祭がはじまる。『新エロイーズ』には有名な「収穫祭」なるものの情景があるが、どこかしらその「収穫祭」にも似たスペクタクル。『言語起源論』では、これまた有名な、人類「最初の祭」が描かれるが、その「祭」を想起するような祝祭。そこでは、観客たるみる者が行為者たる役者ともなり、主体と客体が一致し、自分のすべてが公《おおやけ》になるだろう。

こんにち、はたしてそんな祝祭が存在するだろうか。スペクタクルと政治、政治とスペクタクルの「危険な関係」を私たちはいやというほど経験してきたが、はたしてデジタル技術は真に公共的な祝祭を可能にするのだろうか――否、であろう。そもそも、そのような催しはルソーの時代のジュネーヴにも存在しなかった。それでも、ルソーは「書くこと」によってそれをありありと、どこまでもリアルに再現し、いわば見事に上演してみせたのだ。またまた理想化された「父」を登場させながら。

まとめよう。『ダランベールへの手紙』は私たちにとっての難問でありつづけている問い——制御不能なものとなりうる「公衆」の力、スペクタクルと政治の関係や公共性なるものについて考えるヒントをあたえてくれるのだ。さらには、演じることにひそむ政治性についても。

離反

こうして、ルソーはパリの友人たちからかぎりなく遠くはなれたところまできてしまったようにみえる。じっさい、ルソーは序文で「分身にして親友」であるディドロとの訣別を表明する。もっとも、「わかれ」が残念でならないという気持ちが行間からにじみでているのだが。『ダランベールへの手紙』はまた、ダランベールやその周囲にいるひとびととの訣別の書でもあった（儀礼上の関係はつづく）。もっとも、どうしようもない心残りのような感情があふれでているのだが。さらに、この書はドゥドト夫人との、いや、ドゥドト夫人に恋をしていた過去の自分との訣別の書でもあるといわれる。二度ともどらぬあの過去とのくるしい訣別。そうでなければ、意に反して（?）執拗なまでにくりかえされる、ほとんど賛美としかとれぬような、劇場の魅力と演劇の魔力をめぐる圧倒的な表現をいったいどう理解すればいいのだろうか。

そこで、もうひとつつけくわえておくべき不和がある。ヴォルテールとの訣別だ。その時期をめぐっては諸説ある。当時の知識人に衝撃をあたえた一七五五年のリスボン大震災をめぐって、ルソーは通称「ヴォルテール氏への手紙」という反論を書いていた。『ダランベールへの手紙』では当然ながらこの時代の最重要劇作家であるヴォルテールの作品もくわしく論じられている。いずれにせよ、ルソーはひとり目の「師」ラモーと断絶したように、この「師」とも訣別することになった。ヨーロッパ中にネットワークをもつこの知の巨人をも敵にまわしてしまった。『寛容論』（一七六三年）で知られるヴォルテールは、まちがいなくこの時期のもっとも不寛容な思想家のひとりだったが、そんな彼の攻撃対象になってしまったのである。

4　あらたなつながりと『新エロイーズ』

こうしてデピネ夫人とそのグループや、かつての同志たるパリの友人たちとも訣別したルソーは完全に孤立してしまったのだろうか。もちろんそうではない。大親友こそ失いはしたが、ルソーにはまだ彼を支持する知人たちがいた。

では、庇護者たちはどうか。この点では決定的な出来事がおこる。リュクサンブール公爵夫妻という庇護者があらわれたのだ。裕福な総括徴税請負人や「ふつうの」貴族とはわけがちがう。リュクサンブール公爵は、元帥という宮廷と軍での地位からしても、かずかずの顕職や爵位や家系からしても、所有する財産からしても、貴族の最上位層に位置づけられる存在だった。そんな大貴族が一介の知識人に接近するにはなんらかの目的があると考えるのがふつうだろう。しかし、ルソーは、「自由」と「独立」をまもりつつ、「元帥」とのあいだに、身分の垣根をこえた「平等な」「友情」をうちたてることができると信じた。信じようとした。

この例が端的にしめしているように、ルソーについてあらたなイメージをいだく支持者たちのごとき存在がうまれはじめていた。どうやらこの知識人はたんなる才人や挑発的論争家とはことなる特殊な人物ではあるまいか――漠然とそう考えるひとびとが、みえないところで、だが確実にふえはじめていたのである。そうして、これまでの否定的なイメージのすべてを打ちくだくような大事件がおこる。『ジュリ、または新エロイーズ』(以下『新エロイーズ』と表記)の刊行である。

冗長な長編小説

現代の読者のおおくはこの書簡体小説を手にとって、その冗長さに唖然とするだろう。作品は六部からなる。

舞台は田舎の湖畔。身分のことなる恋人たち、貴族の令嬢ジュリとその家庭教師サン＝プルーは、よき相談相手である従姉妹のクレールにみまもられながら愛をはぐくんでいく。だが、貴族的名誉をおもんじるジュリの父親デタンジュ男爵は平民サン＝プルーを軽蔑し、娘を身分相応の自分の友人にあたえようとする。恋人たちのよき理解者であるエドワード卿は男爵にふたりが激しく愛しあっていることをあかし、結婚をみとめるようにすすめるが父親は取りあわずに激昂し、恋人たちは離別せざるをえなくなる（第一部）。くるしい離別。サン＝プルーはパリへ遠ざかる。それでもふたりはかくれて文通をつづける。しかし、ジュリの母親デタンジュ夫人によって文通が発見されてしまう（第二部）。ふかく傷ついたジュリの母はそれがきっかけで死の床にふし、ジュリはふかい悔悟の念にさいなまれる。結局ジュリはサン＝プルーとの結婚をあきらめ、父の友人で、はるか年上のヴォルマールと結婚。そのさい教会で「回心」のごとき心の激変を経験し、貞節な妻になることをちかう（第三部）。

四年後、決意して世界一周の航海にでていたサン＝プルーがもどると、ヴォルマールはかつての恋人たちの過去を知りながらも妻の貞節を信じ、ふたりの子どもたちとともに暮らすクラランという地にサン＝プルーを呼びよせる。かつての恋人たち、とりわけサン＝プルーはさまざまな思いや誘惑にとらわれるが、あやまちをおかすことはない（第四部）。

サン＝プルーはエドワード卿に、ジュリとヴォルマールが築いた「家族」のごときみごとな共同体についてつづり、その一員となるべく努力する（第五部）。ジュリは「たいせつなひとびと」とのあらたな「生」を構想する。未亡人となっていたクレールには再婚をすすめ、サン＝プルーにもクレールとの結婚を提案するが、この提案はいずれも拒否される。そして、ジュリは、ある日の散歩中、あやまって湖におちた息子を救うために水のなかに飛びこむ。それがもととなって死の床にふしたジュリは最後に、死が天の恵みであると打ちあける（第六部）。

爆発的成功と読者の驚き

幼いころからの読書狂であったルソーは「まじめな読み物」と同時に「ふまじめな読み物」たる小説を生涯愛した。かぞえきれないほどの古今の小説を読んでいた。そんな小説愛好家がまったくあたらしい小説をうみだそうと考えた。ルソーがとくに意識していたであろう作品や作家もわかっている（リチャードソンやプレヴォなど）。そして、同時代のおおくの読者は、じっさいに『新エロイーズ』を、それまでにみたこともない「小説のようなもの」、つまり「まじめな読み物」たる小説、高尚な書物として、衝撃をもって受けとったのだった。この作品はたんに世紀のベストセラーとなっただけではない。おおくの読者の世界観や精神のありかたまでかえてしまったのである。

しあわせで官能的な恋物語ははやくも第一部で終わり、第二部と第三部は引きさかれた状態でつづく恋と、「父の意志」にしたがって「秩序」をまもろうと決心するにいたるジュリの苦悩の物語となる。第四部からは、なんとかして生まれかわり、女性の「徳」、つまり「貞節」をまもり、「妻」として「家政」をとりしきろうとするジュリや、その唯一の悩み――「夫」が「神を信じられない」こと――をめぐって物語はすすむ。そして最後にはジュリが、じつはかくもながきにわたってサン＝プルーを愛しつづけていたことが読者にあかされ、いわば死をまちわびる姿が描かれる。つまり、この作品は、ひとりの女性が、みずから考え、みずから意志し、みずから行動し、みずから選択し、文字どおり生き、死んでいくさまを描く小説でもあるのだ。

当時の読者は、小説という装置をかりて、まるで自分たちにむけてさまざまな問いが投げかけられているように感じた。ほんとうの恋とは何か。身分のちがいとは何か。恋のよろこびとくるしみとは何か。性的快楽と精神的なよろこびはどう関係するのか。「家族」はいかにあるべきか。社会の「秩序」とは何か。真の友情とは何か。信仰とは何か。哲学とは何か。女性であるとはどういうことか。男性であるとはどういうことか。「徳」たかく生きることとはどのような意味をもつのか。そして、なによりも、ほんとうの幸福とは何か。

「性」と「ジェンダー」を問いなおす

この長大な作品には、現代の読者にはいっけん脱線とうつる多様な議論が組みこまれている。政治、経済、家政、哲学、宗教、平等と不平等、都市と田舎、奢侈、習俗、統治、音楽、演劇……こうした議論が物語のなかにたくみに配置されているのだ。だから、当然ながら、この作品もまたさまざまな解釈にひらかれている。ふたつの現代性のみしるしておこう。

まず、この多面的な作品は、ひろい意味で「精神分析」的にしか読めないのではないか、という見方がある。じっさい、『新エロイーズ』は「リビドー」、「欲動」、「欲望」、「検閲」、「抑圧」、「否定」、「超自我」、「死の欲動」、「去勢コンプレックス」、「ファルス」、「鏡像段階」といった概念をもちいて読むために書かれたかのような作品なのだ。広大な「無意識」の宇宙を描く作品なのだ。あまりにも「精神分析」的なので、『新エロイーズ』を手がかりに精神分析それ自体を再検討しようという試みまであるほどだ。

それに関連して、ルソーは「性」と「ジェンダー」の理論を極限までおしすすめてしまったようにもみえる。ルソーはジュリの女性としての「無限の欲望」を描ききった。クレールには、「妻」であること、「母」であること、さらには女性性そのものを拒否させ、こうまで問わせている。「魂に性別はあるのでしょうか」。さらに、サン゠プルーからは完全に男性性を消しさってしまう。そしていわば「脱性化」された彼らの「欲望」の深層をつかもうとするのである。つけくわえておけば、エドワード卿のような他の登場人物も特異な「性」の問題をかかえている。

だから、この小説をていねいに読んだ現代の読者はこう確信するはずだ。「男性性／女性性という抑圧的な分類をつくりだした差別的理論家」というルソーのイメージはあまりにも皮相ではないか、と。むしろ、あえて時代錯誤的に読むことで、「性」と「ジェンダー」の理論を深化させる契機になるのではないか、と。

もうひとつは、この小説を他の著作に関連づけて読もうとする解釈だ。『新エロイーズ』は、『不平等論』、『ダランベールへの手紙』や、のちの『社会契約論』、『エミール』などで論じられるさまざまな主題、ルソー思想の「すべて」が注ぎこまれたかのような哲学小説、政治小説である。内容からしても、執筆の状況と時期からしても、それはうたがいようがない。

にもかかわらず、あたかも哲学小説は哲学そのものではないとでもいうかのように、ルソーの哲学と切りはなされて論じられるのが一般的なのだ。私たちが自明としている各学問分野のルールが知らぬまにそれを禁じているのかもしれない。この作品は、来るべき世代の読者による、あらたな総合的読解を待ちのぞんでいるかのようなのだ。法学、経済学、宗教学、社会学といった多様な視点から。

第三章　再生のためのはじまり

創造するために破壊すること

いまや精神的指導者のごとき存在となった、「啓蒙のうちなる啓蒙の批判者」ルソー。その彼が一七六二年に『社会契約論』と『エミール』を刊行する。『社会契約論』は不要な部分を「すべて」そぎおとしたかのような「小論」であるのにたいして、『エミール』は主題に関連する「すべて」をもりこんだようなながい作品だ。対照的で、まるで無関係にもみえる。だが二作は主題の点でも、方法の点でも密接に関連している。ルソー自身は刊行直前のある手紙で『社会契約論』を『エミール』の「補遺のようなもの」にすぎないとし、その後もこの「小論」を表面上ほとんど評価していないのだが、まちがいなくこちらも重要だ。これまでどおり、もっとも標準的といわれる道のひとつをたどってみよう。

1　どうすれば国家は正統に設立されるか——『社会契約論』

「緒言」ではまず『社会契約論』が、「より大部の著作」から抽出されたものだと説明される。その「著作」とは、「政治」の総体をあつかうはずだった例の『政治制度論』（『政治学概論』）のことだ。そして、序文では、またまた「祖国」ジュネーヴが礼賛されたのち、みじかい文章で書物の目的があきらかにされる。「正義」と「効用」を共存させつつ、①政治的権威の設立の正統性の原理をあきらかにし、②政治体（国家のこと）の組織のあるべき姿を探求することである。いいかえれば、あらゆる実定法、とりわけ公法（現代の法学における意味とはことなる）に先立つ国法、つまり国制法の原理を定めることである。

断念の書？

ここでもあえていまふうの表現で図式化してみよう。これまでみてきた『不平等論』などをのぞけば、狭義の「政治」と「正義」をめぐるルソーの思考はみっつに大別できる。①「人」、つまりある集団内の一個人から出発するもの。その中心に『エミール』がある。②もろもろの共同体、とりわけ「国家」を対象とするもの。その代表例が『社会契約論』だ。③三つ目に「国家」間の関係、とりわけ多国間関係、国際関係を対象とするもの。

ルソーは先にふれた『戦争法の原理』やサン゠ピエール関連著作とよばれる著作群で、「交易」、「通商」といった国際関係や、「万民法」、「国家連合」といった国家間の諸問題、とりわけ戦争と平和、ルソーの言葉でいう「永久平和」とその実現の困難にかんして独自の視点からふかく、ひろく探求していた。「一日」でも実現されるならかならず「永久」のものとなるような「平和」――それをヨーロッパ列強間に築くのがいかに困難であるかをルソーは「事実」から出発して考察していた。のちにコルシカ、ポーランドの統治について論じるさいにもルソーは覇権国の動向を注視し、地政学を重視することになる。こうしたルソーの国際関係論は現代とはまったくことなる文脈のなかで書かれたものだが、私たち読者にとってひじょうに示唆にとむ。とてもなまなましい。だが、いずれにせよ、彼は結局、「国家」間の関係については一冊の書物として体系的に論じることがなかった。国際情勢を正確に理解することなしには、あるべき国家のかたちについて議論することはできない――おそらくそう考えていたにもかかわらず、である。

だから、ルソーは、『社会契約論』を刊行することで、そうした問題をもふくむ「政治」の総体をあつかうことを断念したかにもみえる。たしかに彼自身、そう書いている。けれども、「政治」そのものに、政治的権威の正統性の原理というもっとも本質的な側面からせまることをえらんだともとれる。強国間の絶え間のない戦争とそれらの戦争をめぐるさまざまな理論がたえず暗黙のうちに参照されているからだ。

では、その正統性の原理とはいったい何か。『不平等論』では「仮説的条件的類推」という方法にもとづいて、政治社会の設立の「事実上の」過程が描かれていたことを思いだそう。そう、すでにのべたように、『社会契約論』は、政治社会の設立の「正しい」過程について、その真の根拠、あるいは基礎づけについて検討する論考だと、ひとまずはいえる。

不可思議な社会契約（第一編）

となると、いったい何が政治権力の設立を正統なものとするのか。それを問うのが第一編である。ルソーは疾走する。まず「自由」の決定的重要性を確認したのち、政治的権威もしくは政治体制をめぐる正統性を欠いた存立の根拠をつぎつぎと否定していく。「父権」にもとづく権力。「強者の掟」というべき「力」にもとづく権力。さらには「服従契約」にもとづく権力。私たちがみてきたこれまでの著作で展開された議論がどれほどたくみにくみこまれているか、またここでどのような思想家が念頭におかれているか、すでにあきらかになっているが、この点にたちいる必要はない。「専制主義の支持者たち」とひとくくりにするルソーの言葉でじゅうぶんだ（第一章〜第四章）。ルソーはこれらすべての主張を、「人民の主権は譲渡できない」という『社会契約論』の根幹をなす主張にもとづいて反駁していくのである。

つぎにルソーはいよいよ正統な、正義にもかなった政治的権威の基礎づけをおこなう。それを可能にするものこそが、かの有名な「社会契約」だ。だが、「社会契約」とはいったい何か。それはルソーの印象的な表現によれば「人民が人民となる行為」であり、それこそが、唯一の「社会の真の基礎」となる「結合行為」である（どうか学校や企業といった組織をイメージしないでいただきたい)。

社会契約説という学説にはながい歴史がある。それによれば社会契約はすくなくともふたり以上の契約当事者を前提とする。ところが、ルソーのいう契約は、そうした契約とはまったくことなるものだ。「各個人は、いわば、自分自身と契約」(強調引用者、以下同様)するというのだから。あたかも「社会契約」概念そのものを——まさに「自然状態」概念についておこなったのと同様に——転倒させてしまうかのようではないか。だが、ここではひとまずこれがきわめて特殊な契約であることを理解しておけばじゅうぶんだ。

いや、特殊性をあえて強調する必要すらないのかもしれない。将来にたいするもっとも重大な拘束性をもつこの「社会契約」について、ルソーははっきりと「全員一致」、「全員一致の同意」を必要とする行為としるしているからだ。さらには、この「市民の結合」は、「あらゆる行為のうちでもっとも自発的な行為」とも書いているからだ。

こうして私たち現代の読者ははやくもすっかり困惑させられてしまう。こんにち、民主主義国家なるものにおいては多元性や多様性が重要だとされているのに、また、分断や二極化ではない節度ある複数の意見の対立が重要だとされているのに、あるいは、政治への完全な無関心がのりこえがたい課題としてかたられているのに、なんとルソーは、「全員一致」たる「もっとも自発的な行為」なくしては、何もはじまらないと断言しているのだから。

そもそも「もっとも自発的」に、「全員一致」でいったい何に合意するというのだろうか。

結合する各人が、「自分のもてるすべて」を「共同体全体に完全に譲渡する」ことに、である。また、それを「一般意志の最高の指揮のもとにおく」ことに、である。つまり、「一般意志」は「社会契約」なくしては、存在しない、というのだ。

それだけではない。ルソーは「社会契約」を、あらたな「力」を付加した、「はじまり」、誕生、生まれかわり、としている。かつて、この「結合行為」は、ルソーの知的源泉のひとつであった「化学」のモデルで説明されたりもしたが、その説明が正しいかどうかはべつにして、各人がひとつのあらたな集合体になるのだ。

こうして、おのおのが、「臣民」として主権の構成員たる「自己」と契約し、おのおのが、全員に服従しつつ、それでいて自分自身にしか服従しない。そして、「ひとつの精神的で集合的な団体」をうみだし、「その統一性、その共同の自我、その生命とその意志を受けとる」(強調ルソー)(第五章〜第六章)。つまり「社会契約」によって、各人民は「主権者」の「共同の自我」の一部となるのである。

「主権」と「一般意志」（第二編）

この「社会契約」によって劇的な変化がもたらされる。「人民」が「主権者」となることを、ルソーは「自然状態」から「社会状態」への移行、つまり脱自然化だとしている。お気づきのように、『不平等論』と同じ表現がもちいられているわけだ。そもそも「社会契約」をむすぶ理由、いや、むすばざるをえなくなる理由や状況も、『不平等論』のそれに酷似している。だが、『社会契約論』では、こうした語に『不平等論』とはまったくことなる意味があたえられる。ひとことでいえば、「社会契約」こそが、いや、「社会契約」のみが、「奴隷状態」から脱し、真の自由たる「精神的自由」を手にすることを可能にするのである。つまり、真の「権利」をうみ、あるべき「社会状態」を到来させるのだ（第一編第七章〜第九章）。

第二編は、こうしてうまれた「主権」と「一般意志」をめぐる考察である。「主権」はみっつの特質をもつ。①それは譲渡できない。②それは分割できない。③「一般意志」はあやまることがない。もっとも、その「神聖な主権」でさえ無限ではない。「一般的な合意の限界」をこえることはできないのだ。それが具体的に「生殺の権利」をめぐって考察される。もちろん、限界とはいうものの、ここまでは「主権」と「一般意志」の、いわば絶対的側面が強調されている（第一章〜第五章）。

ここで補足しておこう。「一般意志」はひとつの「共同の自我」として主体的にひとつの「共同の利益」をめざす。だからそれは「全体意志」、つまり「特殊意志」の総和とは峻別される。ところがルソーは、「一般意志」がうまれたのちも各構成員のそれぞれの「特殊意志」は存続しつづけるとはっきり書いているのだ。トーンがすっかりかわる第三編では「特殊意志はたえず一般意志にさからってはたらく」とまで書いている。「一般意志」と「特殊意志」のこの緊張関係をいかにやわらげるか（いまふうにいうなら権力の濫用、その先にある独裁、あるいはフリーライダー、「共同の利益」への無関心、分断、結託などをいかにしてふせぐか……）——それこそが『社会契約論』のこれ以降の部分の中心的主題のひとつとなるといえる。

立法の困難

さて、『社会契約論』は「法について」と題された第二編第六章で、はやくもおおきな転換点にさしかかる。「法」は「一般意志の行為」であり、「社会的結合の条件」でもある。しかし、「立法」のような困難な事業はいかにしてなされうるのか。ここまでルソーは「人民」のいわば可能性と潜在力を強調してきた。その彼が「人民」そのもののうちには「悟性」と「意志」を一致させる能力がない、とはっきりしるすのだ。したがって、法律を制定する、現代の言葉に翻訳すれば憲法制定権力をもつ者にかわる、例外的能力をそなえた「立法者」が不可欠となる（「立法者」はあきらかに単一の人物だ）。もちろん「立法者」は「行政機関」でもなければ「主権」でもない。「立法権」ももたない。つまり、いかなる意味でも政治体にふくまれない。人民主権の原理はつらぬかれているわけだ。だが、そんな愛他主義的「天才」がいったいどこにいるのだろうか（第七章）。

それだけではない。このほかにもつぎつぎと「立法」の困難がしめされていく。「立法」が可能となるためのさまざまな条件――歴史、地理、地勢、富、交易、人口といった条件をルソーはこれでもかと列挙していくのだ（第八章〜第一一章）。そして最後に法の分類がなされるが、そこでもっとも重視されるのが「習俗、慣習、世論」である（第一二章）。

こうして「一般意志」なるものが徐々にあきらかになっていく。

①「一般意志」は政治体の「共同の利益」をめざす、「主権」の構成員たるおのおのの市民の意志である。②この「一般意志」が一般的であるのは、あらゆる構成員の意志であり、あらゆる構成員にたいして「法」となって、適用されるからだ。③さらに、「一般意志」が一般的であるのは、意志が「一般化」の作業によってたえず政治体にとって有益であるかいなかが検討にふされるからでもある。こうして各市民は、あらたな意味をあたえられた「自由」を享受しつつ、市民としての「義務」をはたす責務をすすんで負う。

郵便はがき

料金受取人払郵便

小石川局承認

1107

差出有効期間
2024年7月9
日まで

1 1 2-8 7 3 1

東京都文京区音羽二丁目
十二番二十一号

講談社　学芸部

現代新書　行

愛読者カード

あなたと現代新書を結ぶ通信欄として活用していきたいと存じます。ご記入のうえご投函くださいますようお願いいたします。

(フリガナ)
ご住所　〒□□□-□□□□

(フリガナ)
お名前

生年(年齢)
(　　歳)

電話番号

性別　1男性　2女性

メールアドレス

ご職業

★**現代新書**の解説目録を用意しております。ご希望の方に進呈いたします(送料無料)。

1希望する　　2希望しない

TY 000043-2205

この本の タイトル	

本書をどこでお知りになりましたか。

1 新聞広告で　2 雑誌広告で　3 書評で　4 実物を見て　5 人にすすめられて
6 新書目録で　7 車内広告で　8 ネット検索で　9 その他（　　　　　　　　）
＊お買い上げ書店名（　　　　　　　　　　　　　　　　　　　　　　）

本書、または現代新書についてのご意見、ご感想をお聞かせください。

最近お読みになっておもしろかった本（特に新書）をお教えください。

どんな分野の本をお読みになりたいか、お聞かせください。

「一般意志」はひじょうに複雑な概念であるため、これ以上現代ふうにいいかえるのはむずかしい。私たちは『社会契約論』の概観をおえたのち、もう一度これを検討しよう。

政治的権威の実践（第三編）

第三編では、成立した政治体に「一般意志」の存続に不可欠な構成、構造、国制をあたえることが問題となる。「主権」にたいする政府の位置づけがなされたあと（例の政府と主権の峻別だ）、いわゆる政体論が展開される。政体論はもちろん古代までさかのぼることができる。代表例はアリストテレスのそれだ。モンテスキューは『法の精神』で、あえて「専制政体」を三政体のなかに位置づけることで政体論に革新をもたらした。ルソーはというと、人民が主権をもつあらゆる国家を「共和国」と定義したため、民主政、貴族政、君主政をもとに政府について検討する。

この検討においてもルソーの立場は一貫している。いずれの政体でも主権は人民に存するが、どのような政府もつねに堕落への傾向をもつとされるのだ。だから、政府の暴走、越権、簒奪の危険性がつぎつぎとしめされる。あたかも政治体の永続などはかない夢だとでもいうように。こうして「一般意志」のあらたな側面があきらかにされていく。毎日のように国家の「衰退」や政府の「暴走」についてきかされている日本の読者にはもっともリアルに感じられる部分かもしれない。

紐帯を求めて（第四編）

となると、「一般意志」を存続させるために、いかにして政治体に「まとまり」、紐帯をあたえるかが問題となる。第四編では、それがもろもろの制度との関連から論じられる。そのさいルソーが参照するのが古代ローマの制度だ。モンテスキューは「法」と「政治」について考えるためにつねにローマを参照項としていた。それとはことなり、ルソーはあくまでも政治体と「一般意志」を存続させるための装置について考えるためにローマの制度をきわめて自由に利用するのである。「民会」、「護民府」、「独裁制」がそれである。そしてなによりも重要とされた「習俗」（『ダランベールへの手紙』が参照される）をまもり、「世論」をみちびく制度として「監察制度」があげられ、社会的紐帯の礎となる「市民宗教」の必要性がしめされる。

……ここまで、あえて全体の流れをたどってきたのには理由がある。読み手が関心をもつ一部を都合よく切りとって解釈されるケースがあまりにもおおいためだ。もう一度まとめておこう。

正統な、うみだされたばかりの「一般意志」にもとづく政治体は（ルソーの言葉によれば

「政治体」に「存在」と「生命」をあたえる段階)、はや「主権」のすすむべき道をさだめる段階(「運動」と「意志」をあたえる段階)で無数の困難に直面する。政治体がみずからに政府をあたえる段階(「執行権」を行使する諸「機関」をおく段階)ではあまたの障害がしめされ、さらに「一般意志」を存続させるための制度設計が検討されるさいには(さらに必要となる諸制度の整備)、それが直面するかぞえきれない危機についてくわしくのべられる。

正統性の原理をしめすこととは、この隘路をしめすことにほかならない。道はけわしくせまい。だが、理念であるか、ありのままの状態から出発した構想であるかはべつにして、道は存在する。ひとまずは、こうまとめることができよう。

私たちの困惑

この論考は、おそらくルソーの著作のなかでこんにちもっとも参照されることがおおい。だが現在への応用がもっともむずかしいものでもある。考えてもみていただきたい。ルソーは「社会契約」、つまり「全員一致」たる「もっとも自発的な行為」なくしては、何もはじまらないと断言していたが、たとえ理論上であれ、私たちはそんな契約をむすぶ自分を想像できるだろうか。ルソーは「一般意志」の存続には「市民宗教」が不可欠だとしているが、政教分離が西洋の近代政治の常識だと教えられてきた私たちはこれをどう理解すればよいのか。私たちは『社会契約論』を最初から最後まで読めば、いやおうなしに、強固な、だが排他的な社会集団をイメージするが、「民族」や「国民国家」などはのりこえるべき近代の残滓だと教えられてきた私たちはこれをどう理解すればよいのか。

問題はそれにとどまらない。たとえばルソーは「代議士」、「代表者」を完全に否定している。現代ふうにいえば、私たちにとっての民主主義の常識たる代議制、議会制民主主義の徹底した批判だ。ルソーははっきりとこう書いている。「主権は代表されえない」。ルソーは代表、代理、代行を断固として拒否している。そもそも「選挙」は何かをえらんだり、決めたりする装置というより、「一般意志」の確認作業、つまり自分たちがひとつの堅い「一般意志」をもちつづけていることを確認する作業という意味合いが強い。「熟議」もこんにちとはまるでちがう意味でもちいられている。

こうしたかずかずの謎について考えるために、すこし迂回して、この著作の受容の歴史を駆け足でふりかえってみよう。

どう読まれてきたか

ルソーは一七九四年に国民的偉人を祀る墓所となっていたパンテオンにはいる。ルソーはフランス革命期、たしかに熱狂的な崇拝の対象となった。ところが、である。『社会契約論』は一七八九年以前は、ほぼ読まれていなかった。この点はあまたのくわしい歴史研究によっていまやうたがいようがない。つまり、八九年におこった出来事と『社会契約論』のあいだにはほぼなんの関係もなかったのである。八九年以降、『社会契約論』が爆発的に読まれはじめたのは事実だ。だが当初、革命派だけではなく、反革命派もこれを読み、利用したのだった。それに、革命の輝かしき遺産ともいわれる「人権宣言」(「人間と市民の権利の宣言」)へのルソーの影響もきわめて限定的だったことがいまではわかっている。つまり、『社会契約論』の誤読や「一般意志」概念の曲解は最初期からはじまっていたわけだ。

「革命」という語がほとんど侮蔑語となったこんにち、「ルソー主義者」ロベスピエールを恐怖政治の独裁者と位置づけ、彼のルソー読解を「誤読」の典型として、ルソーを「救う」という手法が一般的になっている。革命「後期」からルソーをすっかり切りはなしてしまおうというわけだ。私はこうした方法をとても危険な手法だと考えている。なんとも都合のいい読み方ではないか。まちがいなく、ロベスピエールによる「誤読」もひとつの立派なルソー解釈なのだ。

それ以降、無数の解釈がしめされていく。もっとも代表的なのがカント、ヘーゲルによる解釈だ。それから、ながい解釈の歴史、いいかえれば「誤読」の歴史がつづく。ここにそれを詳述することはできないが、『社会契約論』はつねに、各時代の、各地域の思潮をうつしだす鏡でありつづけてきたのだ。先に私が「客観的に」しめそうとした概要も、もちろんひとつの主観的な解釈であり、だから「誤読」でありうる。

「いま、ここ」でどう読むか

それをふまえたうえで、どのような現在への応用が可能かを、「一般意志」と「社会契約」概念を中心にしてもう一度考えてみよう。そのためには、ここ半世紀になされた試みから日本の読者になじみぶかいいくつかの事例をえらび、それを参照することが有益だろう。

たとえば、ルソーのいう「一般意志」を説明するために、数十年まえ、ゲーム理論や社会的選択理論とよばれる理論——とりわけ「コンドルセの定理（方法）」というものがもちいられた。社会的選択理論は、よりよい意志の集約をめざし、国民の意志を現実に反映させようという試みだ。たしかに、この理論は「一般意志」のある側面、「一般意志」と「全体意志」の差異を説明するかにみえる。じじつ、すでにのべたように、ルソーは当時「流行」していた数学に夢中になっていた時期があった。だが、この理論によって説明されるのは、私たちがみた多面的な「一般意志」概念のごく一端にすぎない。それに、これでは「社会契約」とともにはじまるルソー的「一般意志」がいわば骨抜きにされてしまう。もちろん、社会的選択理論それ自体は興味深い試みだが、この理論にもとづく『社会契約論』の説明は、ルソーからずいぶん遠ざかってしまう。

二一世紀の情報環境を利用した制度の構想についてはどうだろうか。投票装置の電子化やネット投票がじっさいに導入されている地域もあるのだから、ウェブ直接民主主義も可能になるのではないか。それをさらに先にすすめて、ベストセラーとなった成田悠輔の『22世紀の民主主義』(二〇二二年)でしめされたように、民意データ、アルゴリズム、情報・データにもとづく無意識民主主義を構想することも可能かもしれない。たしかにこのような構想それ自体は魅力的だ。だが、そこでじっさいにのべられているように、また「無意識民主主義」という表現それ自体がしめしているように、そうした構想はルソーのいう「一般意志」とはほぼ無縁のものである。

では、五〇年以上まえに刊行されたものの、いまなお影響力を失っていないジョン・ロールズの『正義論』(一九七一年)に代表される、ネオコントラクチュアリズムという考え方はどうだろうか。ロールズは「社会契約」を、「自由」と「平等」に力点をおいた現代における正義の原理をしめすために、いわば方法論的仮定、仮説としてたくみにもちいた。とても重要な構想である。けれども、これまたルソーの構想からはかぎりなく遠い。

「一般意志」概念がかえりみられないからだ。のちのロールズの歩みはいっそうルソーの構想から遠ざかるものだ。

ここで興味深いのは、保守的なものであれ革新的なものであれ、こうした理論や構想が提示されるさい、とりわけ現状の擁護とは反対の方向にむかおうとする構想がしめされるさい、暗示的にであれ、ルソーの『社会契約論』がひんぱんに想起されるという点だ。じっさいにはルソーの構想とはほぼ無縁であるにもかかわらず、いったいどうしてこれほどしきりにルソーが参照されるのだろうか。ルソーの論考には、とりわけその「一般意志」、「社会契約」概念には、制度やルールをつくりかえることをうながす、ふしぎな、とてつもなく強烈な暗示力がやどっているからだ。「一般意志」、「社会契約」概念はさまざまな解釈にひらかれており、「いま、ここ」を問いなおすよう、よりよき政治経済体制をめざして思考するよう読者をうながすのだ。

2 人間をつくる――『エミール』

先にみたように、『社会契約論』では「一般意志」が「滅亡」させられないように、不可欠なものとして、さまざまな制度がもうけられていた。「習俗、慣習、世論」にはたらきかける制度、すなわち公教育制度である。ところが、『エミール』でルソーは、「公民的な教育制度」はもはやどこにも存在しないという地点から、つまり、もはや「市民」をつくることなど不可能であるという地点から出発する。だから、問題となるのは、いかにして「人間」をつくるか、である。

教育の原理とは何か

では、どのように「人間」をつくればよいのか。「自然を観察し」、「自然がしめす道」をたどる自然教育によってである。またまた「自然」か、とあきれられるかもしれない。じっさい、『エミール』のなかでさえ、このキーワードにはさまざまな意味があたえられている。ここではひとまず「規範」、「法則」、「人間本性」、「完成」といった意味で理解しておいていただければと思う。

それでは教育という「人間」をつくる技術はいつからはじまるのか。じつはこの点にルソーのおどろくべき革新性があるのだが、とりあえず私たちは「新生児」の段階からはじめよう。しばしばルソーは「子どもの発見者」として称賛される。たしかに彼は「新生児」についてじつにくわしく論じている。「感覚」、「欲求」、「言語」という当時の哲学概念を利用しつつ、「新生児」をいかに「自由」に育てるかを検討しているのだ。たとえば、「新生児」を「産衣」でくるむという当時の慣習を、子どもの「自由」をうばい、子どもを拘束する悪習だとしてルソーは痛烈に否定している（第一編）。

あらたな教育のすすめ

エミールという名があたえられた子どもは成長する。「ことば」をはなしはじめたこの子どもをどう育てればよいのか。教育の役割をになうのは「家庭教師」という存在だ。ルソーによれば、もっとも悪い育て方は「言語」による育て方である。「言語」ではなく、「事物への依存状態」にとどめおくべきなのだ。子どもがほんとうに「必要」としているものを正確にみきわめ、それだけをあたえるのである。この段階で子どもにみとめられる情念は「自己愛」だけなので、「怒り」のような他の「情念」は、「言語」をもちいずに、生成をせきとめなければならない。

子どもは徐々に「道徳的・精神的世界」にはいっていくが、ここでもやはり当時の常識的な教育法が完全に否定される。ルソーによれば、絶対に物事の善悪を論理や推論によって教えさとしてはならない。絶対に書物や読書をとおして学問の初歩を教えてはならないのである。そうではなく、いわば感覚的理性の教育こそが正しい。その教育のための準備となるのが「身体」の鍛錬だ。活動的で強い身体をつくるのである。「感覚をきたえ」、感覚的理性をつくりだしていくのだ。『エミール』でもルソーは無数の理論家たちの仕事を参照しているが、この部分でとりわけ批判的に利用されているのはコンディヤックの感覚論哲学である。ルソーは「触覚」、「視覚」、「聴覚」、「味覚」、「嗅覚」といった概念をたくみにつくりかえる。さらに「共通感覚」という「第六感」についてかたり、「感覚的理性」、「知的理性」への扉をひらく（第二編）。

こうして子どもは知的「好奇心」をもつようになる。この「好奇心」を利用して、「宇宙」、「地球」、なによりも自分の住む「土地」について学ばせる段階がくる。教師はエミールをさまざまな科学にふれさせる。そのさいに鍵となるのが「有用性」の原理だ。子どもにそれらの知識や器具が有用であることをわからせなければならない。ルソーはこのようにして当時の学習法を刷新する。

そのつぎにくるのが「仕事」だ。エミールは「労働」する。真に有益な「技術」や「職業」とは何か、生きるとは何かをわからせるためである。「社会関係についての観念」をかたちづくるためである。こうして経験をとおして「判断力」がつちかわれていく。ルソーによれば、あらたなロビンソン・クルーソーのように（第三編）。

教育における「性」の問題（第四編）

じつは『エミール』には書きだしから結びまで「性」の問題がたえず横たわっている。これほど「性」の問題にこだわった教育論、人間論はそれまで存在しなかった。その「性」の問題が「嵐の前触れのような激変」として直接あつかわれるのが第四編である。そしてルソーはまさしくこの時期に社会的感情の習得を位置づけるのである。

たとえば「憐れみ」。「正義」とは何か。「良心」とは何か。いまや「人間をとおして社会を、社会をとおして人間を研究しなければならない」。傲慢なふるまいをさけ、善をなし、ついには「宗教」も学ばなければならない。まるで計算しつくされたようにこの場所におかれるのが、ルソー版『省察』ではじまる「サヴォア〔サヴォイア〕の助任司祭の信仰告白」だ。独立した一個の哲学、宗教哲学のマニフェストともいえる「長編」である。「哲学」、「存在」、「感覚」、「宇宙」、「神」、「神の属性」、「魂」、「良心」、「啓示宗教」、「宗教の多様性」、「イエス・キリスト」といったものについて司祭はエミールにかたり、「無神論」を否定する。いったい何のために？　エミール自身に「考えさせる」ために、である。

いまやみずから思考することのできる「未開人」のごとき存在となったエミール。だが、「危機」の状態にあるエミールをどうみちびけばよいのか。エミールが「情念の奴隷」となるのをどうやってさければよいのか――性的「欲望」の爆発を遅らせるのだ。遅延、すなわち先のばしは、つねに教師の重要な技術のひとつである。

とはいえ、この段階で教師にはあらたな教育法と「権威」が必要になる。その「権威」を手にして、いってみれば、情念の激発をさらに先のばしするのだ。こうして、エミールに「伴侶」をあたえるためのながい準備がはじまる。社会のしきたりや礼節を身につけさせること。富と貧困、都市と田舎を比較しつつ習俗や慣習や世論を教えること。

エミールの伴侶をさがす（第五編）

では、ソフィと名づけられたエミールの「伴侶」は、いったいどのような女性であるべきなのか。第五編では、ルソーの全作品中おそらくこんにちもっとも評判の悪い長大な女性論、女子教育論が展開される。ソフィにふさわしいとされる教育も、ソフィにもとめられる資質も、エミールの場合とはまったくことなる。ほどよい知性、ほどよい自由、両親の宗教を信じること、従順さ、貞淑、羞恥心、清潔さ。そして結婚についての考察ののち、エミールとソフィの出会いの場面が小説ふうにかたられる。あとはしあわせな結婚をまつばかり、といったおもむきである。

ところが、まさにそのとき「旅について」というあらたな脱線がはじまるのだ。エミールは「二年ちかく」の旅にでるのである。結婚はまたしても先のばしになるわけだ。エミールはさまざまな習俗を知り、いろいろな政体を知る。そして、これまた計算しつくされたように、まさにこの場所に『政治制度論』（『政治学概論』）の要約が挿入される。『社会契約論』について述べたことを思いだしていただきたい。エミールを、ふさわしい、いや、来るべき「市民」、「国民」となりうるだけでなく、「世界市民」、「国際人」ともなりうる存在につくりあげるためだ。

旅からもどったエミールは、ようやくソフィと結ばれる。だが旅によって正統性の名にふさわしい「国家」がどこにも存在しないことを知ったエミールは、いったいどこに住めばよいのか——祖国に、である。物語はエミールが教師にソフィの妊娠をつたえる場面で終わる。

自由と自律をもとめて

第五編の恋愛物語まで読みとおした読者は、つぎのような疑問をいだかれるのではないだろうか。はたしてこれは小説なのか、それとも哲学書なのか？　じじつ、『エミール』にはたくさんの小説的挿話がふくまれており、とりわけ問題の恋物語など、ルソーは完全に想像力にまかせて書いているようにみえる。

そもそもルソーは冒頭で『エミール』を書こうと計画したのは「ものを考えることのできるひとりのよき母」のためだとこれみよがしにしるしている。それもあってか、小説的挿話はどれも読み物としてとてもおもしろい。教師の姿をかりてルソーはエミールと、ということは読者とたわむれる。あるときは、「所有権」の観念をあたえるために、いっしょにソラマメをうえ、育てる。またあるときは、天文学の重要性に気づかせるために、大汗をかくエミールといっしょに森を散歩する。だが、こうした「経験」はすべて教師によって周到に準備されたものだ。エミールはつねに教師の徹底した監視・管理のもとにおかれているのである。ときにサド侯爵の作品と比較されたりするほどの監視。子どもに自由などない。あるのはみせかけの自由だ。たしかに現在の読者の目にはあまりにも残酷とうつるだろう。しかし、こうした叙述スタイルは当時の哲学書や文学作品の典型でもある。

問題は、こうして、隘路をぬうようにすすみ、成長したエミールが、最終的にほんとうに自由な人間になることができるのか、という点である。カントふうにいえば、「自由」と不可分の「自律」にいたるのか、という点である。それが典型的にあらわれるのが最終部の小説的挿話だろう。「父」となることを知ったエミールは大よろこびで教師にそれをつたえにいく。ところが、この決定的瞬間でもルソーはやはり読者とたわむれるかのように、結論をあいまいなままにしておくのだ。たしかに教師はその役目をみごとにはたした。しかし、エミールは教師にこうも懇願するのだ──「生きているかぎり、私はあなたを必要とするでしょう」。

「人間」とは誰のことか？

こうした両義性と哲学的な問いをめぐる厳密な思考が共存しているところにこそ『エミール』最大の魅力がある。『エミール』は、「人間とは何か」というルソーにとってもっとも重要な問いをめぐる壮大な人間学的考察でもある。「人間の理論」の探求でもあるのだ。同時に、来るべき「市民」へと、「世界市民」へとみちびいていく、「絶対的によい」教育なるものの探求という形式をとる政治学的人間論でもあるだろう。それもどこまでも根源的な人間論なのである。

ルソーによれば、子どもが「女たち」の手をはなれるやいなや当然ながら「父」が教育すべきだ（当時、女子は女性が育てるべきとされた）。エミールは男子だからである。それは義務だとも書いている（すでにふれたように自分の子どもを「捨てた」ことについての暗黙の懺悔が挿入される）。だが、そもそも習俗が腐敗した「いま」の、つまり当時のヨーロッパの国々に「父」の資格をもつ者などいるだろうか。

くりかえすが、いっけん牧歌的な『エミール』はどこまでもラディカルだ。ルソーは子どもを「父」や「母」から完全に切りはなしてしまう。とりあげてしまうのだ。「父」は『エミール』にほぼ登場しない。

これは私たち現代の読者にも強烈な暗示をあたえてくれる。こんにち私たちは教育について、子どもについて、人間について考えるさい、知らぬまに「父」や「母」を念頭においていないだろうか。かつて「親ガチャ」なる俗語がひんぱんにつかわれたが、環境要因や遺伝要因以前に、私たちは社会と子どもの関係について考えるといいつつ、親子関係から出発していないだろうか。

それではいったい誰が子どもを教育するのか。ルソーによれば、『社会契約論』における「立法者」のごとき、「若く」、「賢明な」、「きわめてすぐれた」愛他主義者たる教師である。現代のいかなる教師ともまったくことなる架空の存在だ。ルソーはおどろくべき言葉ではっきりとこう書いている。「エミールは孤児である」。教師は「父」と「母」の「義務」をひきうけ、「すべての権利を引きつぐ」。

そして、この企図には、教師以外にも、演者のようなさまざまな稀有な協力者が必要になる。さらには、いくつもの困難な条件がみたされるものと仮定しなければならない。たとえば、エミールは「裕福」で、なにより「強壮で健康」でなければならない。そうしたさまざまな条件をみたしていなければ、「絶対的によい」教育の対象とはなりえないのだ。現代語に翻訳すれば、エミールは「〇〇ガチャ」すべてに「アタリ」なのである。

こうしてルソーはひとつひとつ、エミールという架空の存在をとおして、この現実の「社会」のなかで、「自然がしめす道」をたどっていくのである。おわかりのように、ここでも道はけわしくせまい。だが、人間をつくることは、この隘路をしめすことにほかならない。いや、道なき道、というべきか。じっさい、ルソーはいたるところで、なんども、読者に警告を発し、「禁止」をしめしている。「絶対に……してはならない」、「一度でも……するやいなや教育の成果がすべて失われる」、「いったん……すれば子どもはかならず堕落する」、「……しないよう細心の注意をはらわなければならない」……。

再生のはじまり

こうした厳密さは『社会契約論』を理解するうえでも重要である。不正な現実社会で「再生」を考えるためには、また不正な社会の「再生」を考えるためには、ほんとうの「はじまり」から出発しなければならないのではないか。現在への応用が有益となる一例をしめそう。

先に私は、しばしばルソーは「子どもの発見者」として称賛される、と書いた。だが、『エミール』でルソーが子どもにあたえる定義は、そんなイメージからはかけはなれた、もっと大胆なものだ。子どもは語源的に言語活動をもたない状態にある存在である。ところがルソーはそんな定義では満足しない。さらに先までさかのぼるのだ。すると子どもは複数の「欠如」によって定義されることになる。つまり、子どもは「弱さ」、「脆弱性」、「愚かさ」によって特徴づけられる「何ものか」、「他者」によってかろうじて存在させられている「何ものか」でしかない。

「他者」とは誰か。最初の「他者」は「母」である。

しばしばルソーは「母性」の発明者として称賛されたり、痛烈に批判されたりしてきた。当時は乳母が子どもを育てるのが一般的だった。それにもかかわらず、この時期のヨーロッパの上流社会では「母性」が「流行」しはじめた。ルソーの影響があるとさえいわれる。

しかし、ここでルソーのいう「母」は、そうした性質や「本能」とはまったく無関係だ。法的な存在としての母でもない。生物学的な意味での母でもない。それはあくまで子どもが最初に「関係」をむすぶ存在としてみちびきだされた「母」なのである。いや、「母」なるものなのである。いったいそのような「母」をどのようにつくりだせばよいのか。『エミール』には「ファーヴル草稿」とよばれるバージョンがのこされているが、それを参照すると、ルソーがこの問いを徹底的に考えようとしていたことがわかる。悪名高い「女性論」も同様に読むべきだ。「再生」を考えるためには、ほんとうの「はじまり」から出発しなければならない。

いずれにせよ、「他者」によってかろうじて存在させられている「何ものか」でしかない段階から出発したルソーは、ひとりの子どもが、「正統性の名にふさわしい国家」などどこにも存在しない世界でも生きていくことのできる「力」を身につけるまで、詳細にたどろうとしたのだった。どこまでもラディカルに。

くりかえそう。ルソーの試みは、その時代的制約にもかかわらず、私たち現在の読者にも強烈な刺激をあたえてくれる。人間について、社会について、国家について、世界について「いま、ここ」で考えるさい、知らぬまに私たちがとらわれている思考の枠組みをうたがえ、その枠組みをこえでよ、つまり「自由」であれ——そう呼びかけているようなのだ。EUや国連といったさまざまな国家連合や国際機構が機能不全におちいり、あるいは「はじまり」で踏みはずし、「正統性の名にふさわしい国家」などどこにも存在しない、まるで荒野のような世界でも、「人間」の「未来」を考えることはできる、希望を捨てるな、と。

第四章　あらたな「生」

何度でも生まれかわるために

1　罪《つみ》びととしての「生」――『山からの手紙』

おおきな転機がおとずれる。

ルソーがみずからの名を後世にきざむことになると信じてうたがわなかった『エミール』。その『エミール』に、刊行後、パリ高等法院から有罪の裁定がくだされた。著者ルソーには逮捕令がだされる。ルソーは有力な庇護者の指示にしたがうかたちで逃亡する。さらに、誇らしげにその「市民」だとしていた「祖国」ジュネーヴでは『エミール』だけでなく、『社会契約論』までが焚書処分にふされる。行く先では退去令がだされる。ルソーは現在のスイス、ヌーシャテルのモチエというちいさな村にうつりすんだ。思想史や出版史における大事件だが、いまだ謎の部分がおおい。

こうして文字通り、「孤立させられた思想家」としての営為がはじまった。

逃亡と流浪

逃亡者としての日々、ルソーはあいかわらず「公衆」の注目のまとでありつづけた。敵対者はここぞとばかりにルソーを攻撃したが、庇護者や熱心な支持者ものこっていた。つかのまの平穏な日々には、モチエのゆたかな自然をたのしむこともあった。だが、「奇妙な」事件がつづけておこり、一七六五年、この辺境の地からも追われてしまう。各地を転々とし、翌年、ついにルソーは、イギリスにむけて出発することを決意する。そのさい援助の手をさしのべたのが、この時代を代表する哲学者のひとり、デイヴィッド・ヒューム（一七一一―七六年）であった。ヒュームとの関係は当初良好だったが、ルソーはしだいにヒュームを、パリのかつての友人たちがはりめぐらした「陰謀」の加担者だと考えるようになり、二人は決裂する。ヒュームは一連の経緯を小冊子にまとめて刊行。この時期の思想界最大のスキャンダルになった。「ヒューム事件」とよばれるこの一件を、ルソーは「生涯でもっとも残酷かつおそろしい出来事」と形容している。じっさい、のこっていた庇護者や友人たちのおおくがこれを境に彼からはなれていった。

「陰謀」、そして「狂気」

有罪宣告以降の、ルソーの膨大な書簡には、「陰謀」や「迫害」の主題が頻出するようになる。いまなお、かならずルソーについてまわる「狂気」のはっきりとしたイメージがうまれる。たしかにこれ以降のルソーの「生」は、奇異なエピソードや「狂気」という語で説明したくなるような出来事にみちている。

一七六七年にフランスにもどり、きわめて有力な重要人物であるコンチ大公の領地で、パリ高等法院管轄外のトリの古城に身をよせる。だが、ふたたび各地を転々とし、一七七〇年、ついにはパリで暮らしはじめる。パリといっても、「もっとも薄汚れた」地区だ。そして一七七八年、崇拝者のひとりであるジラルダン侯爵によって提供されたエルムノンヴィルという地の小亭にうつりすみ、そこで死んだ。

「私」と「作品」の再生をめざして

この間《かん》、もちろんルソーは考えることを、書くことをやめたわけではない。先にふれた『ピグマリオン』や『音楽辞典』、それに『エミール』の続編、また、しだいにあらたな「情熱」となっていった植物学関連テクストなどがある。植物学にかんするテクストは質、量ともに圧倒的だ。

政治哲学の領域では、依頼をうけて、大国の支配のもとで混乱をきわめていたコルシカについての考察をふかめ、一七六五年に『コルシカ憲法草案』（『コルシカ国制案』）とよばれるテクストを書く。一七七一年には、これまた依頼をうけ、ほとんど無政府状態にあったポーランドについて、長大な『ポーランド統治論』を書いた。国家の存立の正統性をめぐる理論的探求である『社会契約論』と、こうした危機にある現実の国家をめぐる考察がとりもつ関係については、いまだに激しい議論がつづいている（たとえば代表制、税制、対外政策など）。

　刊行目的でないものがおおくふくまれるこれらのテクストは、いずれもきわめて重要だ。近年、注目をあつめ、個別の研究もたくさんだされている。ほかにも興味深い小品がいくつもある。だが、ここではそれらとはことなるふたつの著作について考えてみたい。弁明的著作とよばれている著作である。

　ひとつ目は『クリストフ・ド・ボーモンへの手紙』である。『エミール』に有罪の裁定がだされた一七六二年の八月、宗教的権威であるパリ大司教ボーモンが、『エミール』を誤謬にみちた危険な書物として「断罪」する「教書」を公《おおやけ》にした。ルソーの哲学と「哲学者」ルソーその人が断罪されたわけである。これにたいして、自己弁護、弁明のためにルソーが執筆し、一七六三年に公刊したのが『ボーモンへの手紙』である。弁明に、国家によってゆがめられた「正義」をとりもどすというおおきな意味があたえられる。誇大妄想であるかいなかはべつにして、彼の生涯がいわば政治問題化されたのである。

　もうひとつの著作が一七六四年に刊行された『山からの手紙』だ。こちらは執筆状況、内容ともにきわめて複雑である。ジュネーヴ政府が『エミール』と『社会契約論』を「国家の宗教と政府の転覆をもくろむ危険な書物」として有罪を宣したのをうけ、ルソーは一七六三年、ジュネーヴ市民権を放棄していた。『山からの手紙』はかつてのジュネーヴ市民による、ジュネーヴの宗教と政治をめぐる哲学的考察なのである。「宗教」、「自由」、「正義」をめぐる総合的解釈がしめされる著作といわれることもある。また、ヴォルテールら敵対者はこれをもとに「騒擾の扇動者」というイメージをつくりあげたが、それはこの著作がジュネーヴの「内政」の厳密な批判的検討でもあることを意味している。

正しい解釈？

だが、私たちが注目したいのはつぎの一点だ。こうした厳密な弁明的著作、論争的著作において、ルソー自身、すなわちルソーという人物の「生」、その作品、その執筆活動についての総合的解釈がしめされはじめるという点である。ボーモンやジュネーヴ政府は、これまでの自分の作品についてあやまった解釈をしめした。だから、正しい解釈をしめそうというのである。彼らはこれまでの自分の言動、ひいてはルソーという人物についてあやまった解釈をしめした。だから、正しい解釈をしめそうというのである。

私たち現在の読者は思わずツッコミたくなる。しょせん解釈なのだから正邪、正誤などないのではないか。唯一の正しい解釈をしめすなど、読者から考える自由をうばうことになるのではないか。ところが、この無謀ともうつる試みは意外にも現代的なのだ。「公衆」をまえにして、権力者や強者に異議申し立てをおこなうことで、その「公衆」にうったえかけようとする試みでもあるからだ。書物、刊行物という当時の強力なメディアを利用して。

『ルソー、ジャン＝ジャックを裁く』、この特異な作品

序章で私は、ルソーの著作は読んでいくと無数の問いがつぎつぎとうかんでくるつくり、、になっており、その問いに、ルソー自身によって解《かい》があたえられる場合がある、と書いた。そう、ルソーは、有罪宣告を機に、「公衆」をまえにして、メディアを利用して、ルソーというひとりの人間、その作品、その著者にかんする（彼のいう）あやまった解釈を否定しつつ、それらの正しい解釈なるものを公《おおやけ》にしめしはじめた。曲解された作品を再生させようというのである。おとしめられた作者をよみがえらそうというのである。ゆがめられたイメージに対抗するために、ほんとうのイメージ、実像をしめそうというのだ。

作者と作品の再生。その試みは自伝的著作とよばれる死後の刊行を意図して書かれた作品にもうけつがれていく。一七七〇年にパリにもどったルソーは『ルソー、ジャン＝ジャックを裁く』という長大で特異な作品を書く。しばしば「迫害」や「陰謀」をめぐる被害妄想の産物、「狂気」の作品とみなされ、遠ざけられる著作だ。だが、この著作のなかで、ルソーはみずからの思想体系をみごとに説明してみせた。いや、あらたに哲学体系を

つくりあげてみせた、というべきか。

二〇世紀のルソー解釈の出発点のひとつに、ドイツ出身の哲学者エルンスト・カッシーラー（一八七四―一九四五年）の「ジャン＝ジャック・ルソー問題」（一九三二年）という論文がある。これはまさに『ルソー、ジャン＝ジャックを裁く』でルソーによって提示された哲学体系にもとづいて、ルソーの作品――私たちがたどってきた主要著作を読みなおし、それらがわかちがたく結びついていることをしめそうという試みだった。

くりかえせば、ルソーの作品、その生涯は無数の解釈にひらかれている。読んでいくとかならず謎や問いにつきあたる。そのさい読者がまず参照するのが、こんにちなお、奇妙にも、ルソー自身による解釈なのだ。そうせざるをえないつくりになっているのだ。これはルソーを読むうえできわめてふしぎな、だが重要なポイントだ。

2 「自伝」による人間学
――『告白』、そして『孤独な散歩者の夢想』

ルソーの後期作品としてもっとも有名なものはまちがいなく『告白』であろう。「自伝」の最高傑作といわれる作品だ。だが、『告白』をたんなる「自伝」、「みずからの生い立ち、自己形成、経歴をありのままに自分でつづったもの」と考えるなら、この多面的な作品をおおきくゆがめてしまうことになる。そもそもながい構想、執筆期間を経て完成したものなので、多様性にみちた作品であるのは当然だ。ここでは、三部が予定されていたものの、二部でとまった『告白』のもつふたつの側面について考えてみよう。

何のために「自伝」を書くのか？――「自己」を知る方法

『告白』には「ヌーシャテル草稿」とよばれるある段階の原稿がのこされている。そこにはおどろくべき哲学的企図がしるされている。ルソーはこう問うのだ。「自己」をどうすれば知ることができるのか。「他者」をどうすれば知ることができるのか。ルソーによれば、それには「自己」と「他者」の「比較」が不可欠だ。だが、自分が知っていると思いこんでいる「他者」など自分を投影した幻影にすぎないのではないか。だから、ルソーは、ありのままの「自己」をその「内面」からしめすことによって、「人間の認識において読者がもう一歩先にすすめるよう決意した」と書く。読者は『告白』によって「自己認識」に不可欠な「他者」をはじめて知ることができるというのだ。

現代の読者はここでも失笑を禁じえないだろう。こんにち、ありのままの「自己」をしめそうなどと、いったいだれが考えるだろうか。そんなものこそ幻影ではないか。むしろ、「自己」から遠ざかることによってこそ、あるいは蓄積された膨大なデータを参照することによってこそ、自分なるものにちかづけるのではないか。

たしかにこの企図はルソーの時代ならではのものだ。この時代固有の思考法の産物だといえる。だが、それゆえ、いまなお貴重な企図でありつづけているのだ。ルソーは、「これまでに例のなかった仕事、今後も模倣して実行にうつす者などいないであろう仕事」と書きはじめているが、まさにそのとおりになったといえる。ルソー以前のあまたの試みとも、その後の作家のいかなる「自伝」とも、思想家のいかなる「自己分析」ともちがうのだ。ルソーは「他者」と「自己」について徹底的に思考し、「他者」のなかでもっとも「他者」である「自己」を描こうとしたからだ。だからこそ「私」について考えるための必読書でありつづけているのだ。ひとまず、ルソーの試みをたどってみよう。

革新的な方法――「あらたな言語」の創出

何度も確認したように、「人間の認識」、「人間についての知識」、「人間の理論」はルソーの思想の本質のひとつだった。人間とは何か――その探求を、『告白』において、ジャン゠ジャック・ルソーという現実の人間をもとにおこなおうというのである。ルソーははっきりとこう書いている。「これはかならずや哲学者たちにとってかけがえのない書物となるだろう」。

当然ながら、これまでもちいられてきたさまざまな「方法」が批判的に、部分的に、総動員される。『不平等論』の人類史の「方法」がひとりの人間の歴史を描くために利用される。『エミール』や『言語起源論』でみがきあげられた「感覚」、「欲求」、「必要」、「記憶」、「印象」といった哲学概念が、ひとりの人間の形成を描くためにたくみに取りいれられる。とりわけみずからの「性」をめぐる考察は圧倒的だ。

もちろん、「父」に「捨てられ」、「家庭教師」などもたず、放浪と転落を経験した現実の人間の歴史をたどるわけだから、分析と記述にはあらたな「方法」が必要だ。なにげないちいさな出来事に象徴的な意味があたえられる。名もなき人物が特別な役割を演じさせられる。「歴史」は「物語」でもある。いや、「物語」にならざるをえない。ルソーはそれをはっきりと認識している。だから、当然ながらときに、のこされた史料からうかびあがる事実とはまったくことなる事実がかたられる。それでも、読者は「歴史」にひきこまれ、あらがうことなどできない。それは「物語」でもあるからだ。

その「方法」の一部をなすのがルソーのいう「あらたな言語」の創出であろう。『学問芸術論』以来、きわだつ「雄弁」で読者の心をわしづかみにしてきたルソー。『新エロイーズ』では、あたかもほんとうのくるしみとよろこびを再現することで、読者の心のありようまでかえてしまうほど読み手を魅了してみせたルソー。そんな「文体」の魔術師が、

『告白』のために「あらたな言語」を創出しようというのである。卑劣な行為、善良な行為、けだかい感情、いやしい感情――その混沌のなかからひとつの奇妙な「集合体」（現代ふうにいうならアイデンティティ）をうかびあがらせることを可能にするような斬新な言語。書いている自分の感情まで描きだすような言語。

ルソーの企図がどこまで成功しているか、それを判断するのはもちろん読者だ。だが、このような構想は、私たちの常識的な「自己」や「アイデンティティ」についての考え方をゆさぶり、貴重で斬新な視座をあたえてくれる。

「啓蒙のうちなる啓蒙の批判者」

先にのべたように、ながい構想、執筆期間を経たこの企図は、もちろん時間と状況とともにかたちをかえていった。一七六九年ごろ集中的に書かれたとされる『告白』第二部にかんしては、「迫害」や「陰謀」の主題が物語に暗い色調をあたえている。かつて表明された哲学的企図はすっかり放棄されてしまったかにもみえる。

しかし、パリにのぼったルソーが、フランスの啓蒙の社会でたどることになった数奇な運命がかたられるこの第二部も、第一部とはことなる意味で圧倒的な「歴史」だ。それは啓蒙の社会についての類例のない「物語」なのである。

第一部でもすでに、農民のようなきわめて貧しいひとびとをふくむ、さまざまな身分の人間が描かれていたが、第二部では、それとはまったくことなる多様な身分のひとびととの交流がかたられる。すでにふれたような学者、文人、音楽家、芸術家、才人、裕福な徴税請負人、聖職者、貴族、最上位の貴族といった人物である。固有名詞こそあげられないが、追従者、寄生者、のらくら者、放蕩者、娼婦、大都市に暮らす貧しい「一般人たち」も登場する。そして、ルソーはたんに彼ら／彼女らを描くだけではなく、そのつながり、連携、結託、対立、従属関係、ライヴァル関係、政治的かけひき、社会構造までも描きだそうとするのだ。そう、『告白』第二部は、まちがいなく啓蒙の社会、すなわち当時の「知識人界」、文学界、社交界、その周縁についての精緻な社会学的分析になっているのである。「界」、「場」のみごとな分析になっているのである。もちろんルソーに都合のよい視点からの、「バイアス」がかかった分析ではあるが。

いったいどうしてそんな分析が可能になったのか。これまたすでにみたように、ルソーが「知識人」としての正当な立場を模索しようとしたからにほかならない。考えるための条件、哲学するための条件として「自由」と「独立」を追求しようとしたからにほかならない。誇大妄想であるかいなかなど、まったく問題ではない。そのような存在としてみずからを位置づけることによってはじめて可能となる分析なのだ。

「真理のために生命をささげること」――これは古代ローマの詩人ユウェナリスからとられたルソーの座右の銘だった。真理を探究するならば、真理を探究するにふさわしい条件を探求する必要もあるはずだ。そして、そんな真理の探究者、つまり正当な知識人の出現をさまたげたのが、「いま」ある制度をまもろうとする既得権益者、すなわち庇護者たる権力者や富者と、彼らにいわば寄生する知識人だったとされる。彼らによる「迫害」と「陰謀」……したがって、それはルソーの思想の、ルソーの「自己改革」の当然の帰結であるというわけだ。「啓蒙のうちなる啓蒙の批判者」は当然ながら「迫害」される、というわけだ。ルソーはこのんで「迫害される真理の探求者」としてみずからを描く。

もちろん、ここでもかたられる事実は、ときにのこされた史料からうかびあがる事実とはまったくことなる。だが、『告白』第二部は、それを批判するにせよ、条件つきで受けいれるにせよ、啓蒙の「知識人界」について、当時の超不平等社会について考えるために、かならず参照しなくてはならない「総括」になっている。

くりかえそう。自分の経験をたえず参照する作業（自己客観化）から出発し、分析の対象にせまろうとするルソー。彼は、「いま、ここ」にある私たちが、現代の私たちが、社会、政治、教育、人間といったものについて考えるさいの「常識」にゆさぶりをかける。

『孤独な散歩者の夢想』——あらたな地平へ

『告白』のあとに『ルソー、ジャン゠ジャックを裁く』が書かれ、ルソーの弁明の試みはつづく。ただし、すでにみたように、弁明の試みはみずからを例にとった「人間の認識」の試みと不可分だった。その最後に位置づけられるのが『孤独な散歩者の夢想』(以下『夢想』と表記)とよばれる未完の作品である。ロマンチックな、ロマン主義的にもみえるタイトルは、のちの編者が勝手につけたものだ。そもそも作品とよべるかどうかさえあやしい。たしかなのは、『告白』や『ルソー、ジャン゠ジャックを裁く』とはことなる地平から書かれたテクストであるということだ。

「かくして私は地上でひとりきりになってしまい、もはや自分自身のほかに兄弟も、近しいひとも、友も、親しくするひともいない」。このようにはじまる『夢想』でルソーは、もはや自己弁明のためにみずからのほんとうのイメージ、実像をしめそうとする意図さえない、としるす。もはや後世における名誉回復への希望もない、と書く。社会や「政治」、「他者」はどうでもよい、というのだ。「この地上では私にとってすべてが終わってしまった」。そのような地点から、「自分自身を研究する」あらたな作業がはじまるのである。「自分の魂」に「気圧計」をあてがい、その状態を調べる。だが、体系化するような作業はいっさいおこなわない。かつて、『学問芸術論』では絶対的権威としてつねに参照されていたモンテーニュの『エセー』は『告白』の構想段階ですでに完全に否定されていたが、『夢想』もまた反モンテーニュ的試みとして位置づけられる（それでもやはり『エセー』にとてもちかい）。

非体系的な「作品」である『夢想』は、したがって、あらたな「人間の理論」でもある。『告白』とはことなる自己認識の試みなのだ。ルソーは、「第四の散歩」で、「デルポイの〔アポロン〕神殿の「汝自身を知れ」は、『告白』を書いていたころに思っていたほどにはしたがうのがたやすい格率ではないという、すでに抱いていた考えをいっそう強めた」と書いている。古代ギリシアのデルポイのアポロン神殿に刻まれた格言は、ルソーが読みかえ、みずからの格率、みずからの人間学を象徴する言葉としていたものだ。ルソーはそれを念頭に、この世のすべてから切りはなされてしまったいま、つぎのような問いをたてるのである――「私とは何か」。

そのような状況におかれた「私」ならではの、人間についてのあらたな探求がはじまる。ここまでたどってきた著作で批判的に利用された「感覚」、「自己愛」、「自我」、「存在」、「時間」、「持続」、「記憶」といった概念を再導入しつつ、あらたな独我論のごときものが展開されるのだ。

「再生」への道

もちろん「人間の理論」というのは『夢想』の一側面にすぎない。「地上でひとりきり」になってしまったと書きはするが、ルソーの考察にはやはりさまざまな人物、「他者」が登場する。「敵」や「迫害者」のことなどもうどうでもよい、と書きはするものの、とりわけ前半では彼らについてひんぱんに言及がなされている。「陰謀」は強迫観念でありつづけているのだ。そのほかにもさまざまな挿話がかたられる。『告白』であますところなくかたられたはずのヴァランス夫人との関係についても再度考察が繰りひろげられる。なかでももっとも有名な挿話のひとつは、じっさいにあったある事件についての記述だろう。

一七七六年一〇月二四日、ルソーがパリ北東部の坂をくだっていると、勢いよくはしってきたおおきなデンマーク犬に倒されて、地面にたたきつけられる。ルソーは意識を失った。意識がもどると、夜空と星々と木々の緑が目にうつる。その「感覚」が自分の「存在」のすべてだ。「私はその瞬間に生へとうまれていくところで、目にうつるすべてのもので自分のかろやかな存在を満たしていくようだった」。過去や未来から寸断され、絶対的な「瞬間」たる「現在」を生きる私？　ということは『夢想』は象徴的な「死」後の「私」をめぐる探求なのだろうか。書くことでルソーはあたらしく生まれでようとしているのか。
『夢想』で展開される人間についての考察。くるしみ。はかないよろこび。過去のつらい思い出。あらたな発見をめぐる記述。ルソー以前にはまだ否定的な意味をもっていた「夢想」という語に彼はまったくあたらしい意味をあたえたうえで、その「夢想」に没入する。いや、没入している自分の姿を描く。空間や時間を消しさり、「瞬間」を生きることを可能にする、そんな「夢想」こそが、自然のままの人間ジャン＝ジャックをうつしだす鏡となるのだ。

絶望のなかで生きるために

この謎めいたテクストをいったいどのように現在に適用すべきか。ひとつだけ道筋をしるしておこう。

こんにち、孤独や孤立が社会問題として、あるいは政治問題として論じられることがおおい。「夢想」もこんにち的現象にちかいようにみえる。だが、さきほど説明したように、ルソーのいう孤独も「夢想」も私たちの知るそれとはまるでことなる。そもそも、このセレブはその気になればすぐにひととつながり、庇護してもらうことができた。特権的立場にいたわけだ。

だがルソーは、あえて絶望的な状況を設定し、完全な「不条理」から出発しつつ、あらたな「生」について考えることをみずからに課してみせた。だから『夢想』は、一七七八年に死んだルソーの、未完の文学的・哲学的遺言などではない。あらたな生の探求だったのである。たんなる偶然かもしれない。けれども、この探求、つまり先にのべたような意味での「夢想」は「かなしい夢想」をのりこえる唯一の方法ともなっている。そして、それは本源的感覚のうちに自己の存在の享受があることを、書き手たるルソーに教える、というつくりになっているのだ。

おわりに

それにしても、なんと奇妙な人物であることか。放浪の生活を送り、貧困とかずかずの挫折と失敗を経験したのち、独学でパリの「知識人界」参入をめざす。試行錯誤をくりかえし、ついにフランスでもっとも著名な作家にまでなりあがる。だが、上流社会の寵児になると同時に、その社会の欺瞞と不正を暴き、みずからが展開した思想を実生活で実践しようとする。激しい論争と対立。そして焚書処分。「狂気」？　それでも彼は書きつづける。あたかもそれが「生」の唯一のエネルギーであるかのように。

そんななかで書かれた多様な著作はどれも、その人生におとらず特異なものばかりだ。すべて、とはいわないが、そのおおくが現在を生きる私たちにも強烈な刺激をあたえる。本書で確認してきたように、それは彼の著作が、私たちに思考の枠組みそれ自体をうたがえ、とうったえかけてくるからである。自由に思考せよ、そのためには自由な思考とは何かを考えよ、と。彼の著作は、私たちに、ラディカルに思考するよう、根源から考えるよう、うながすのだ。むずかしいことだ。だが、とても大事であることはわかる。

そんな彼の著作のもうひとつの魅力は、多様なジャンル、領域を横断するところにある。政治、哲学、小説、文学、経済、宗教、教育、音楽、アートといった複数の「知」の分野にまたがっている点だ。すべての作品が密接に関連しあい、不可分なのだ。どれでもいい、ふたつ以上の著作を手にとっていただきたい。それらがわかちがたく結びついていることをすぐさまご理解いただけるはずだ。なるほど、そんな読み方をすればルソーの術中にはまってしまうではないか、と思われるかもしれない。たしかにそうだ。けれども、意外な発見もある。「いま、ここ」で考えようとする自分の関心はあまりにもせますぎはしないか、制度やテクノロジーによってあまりにも興味がせばめられてはいないか、そう気づかせてくれるのだ。

二一世紀を生きる私たちにとって、世界を巨視的にとらえようとする「総合知」など不可能であるだけでなく、危険でもある。そんなものをめざすわけではない。「自由」であれ、と呼びかけるルソーの言葉に反応すればよいのだ。「自由」であるために。「自由」であるためなら、リスクをおかせ、と呼びかける言葉に。

＊

この本の初稿は二〇二一年春に書きあげていたが、諸般の事情により刊行が大幅に遅れた。いまならまったくことなる書き方をしていただろう。国際情勢も国内情勢も激変し、ひとびとの関心の中心がおおきくかわったからだ。たった数年のあいだにルソー研究も変化した。だが、書き方はちがえど、書く内容はさほどかわらなかったと思う。ルソーの作品はその程度の変化ではびくともしない「強度」をそなえているからだ。

本企画の性質上、作品解説の中心には、現在、国際的にもっとも標準的な解釈をおいた。そのために、欧米の無数の啓蒙書や入門書、文庫解説等を参考にしたが、紙面の都合上、書名をしるしていない。また、ルソーの作品と書簡からの引用についても、煩雑をさけるためにページ番号をしるさなかった。

本書の編集は特別に、ご多忙をきわめる学術図書編集部編集長の互盛央さんに担当していただいた。敬愛してやまない互さんの導きと「ケア」がなければ、まちがいなく刊行までこぎつけることはできなかった。心からの感謝を捧げる。

二〇二三年三月

読書案内

ルソーの思想に接近するには、「おわりに」で書いたように、どれでもいいので、ふたつ以上の著作を手にとってほしい。できれば、まるでことなるジャンルのものがよい。

『エミール』全三冊、今野一雄訳、岩波文庫、二〇〇七年（改版）

ルソーみずから主著と呼ぶ書。はじめてルソーを読む方におすすめしたい。プラトンの『国家』に並ぶ教育論といわれることもあるが、『国家』以上にいろいろな要素——哲学、法学、文学、政治学、ジェンダー論、経済学、社会学、精神分析的要素がもりこまれている。岩波文庫のものは翻訳というよりは超訳にちかいので、ぜひ英訳も手にとってみてほしい。

『社会契約論』作田啓一訳、白水Uブックス、二〇一〇年

政治哲学の領域でもっとも重要な書。ただし、この一冊だけ読んでも何もわからない。不要な部分をすべてそぎおとしたような書だからである。まずは『エミール』とセットで読むことをおすすめする。井上幸治訳（中公クラシックス、二〇〇五年）と並行して読むと、ルソーの用語の多義性をつかむことができる。

『告白』全三冊、桑原武夫訳、岩波文庫、一九六五—六六年

ほんとうは、この書からはじめるべきだ。ルソーの思想の総括として構想されたものだからである。じっさいには総括をこえるあらたな人間論になった。ルソーという人物、彼の生きた時代と社会、思想形成、作品の執筆状況やその関連性を理解するために、つまりはルソーの思想の本質をつかむために必読の書である。

『人間不平等起源論』本田喜代治・平岡昇訳、岩波文庫、一九七二年（改訳）／坂倉裕治訳、講談社学術文庫、二〇一六年

不平等と平等については近年、無数の本が書かれている。だから、流し読みすれば本書ではすっかり古びた単純な思考が展開されているように感じてしまう。あえて、訳注がたくさんふされて読みづらい訳書に挑戦してほしい。ルソーが参照して我有化した書物、反駁しようとした学説がわかるからである。そこには古今の哲学者たちと格闘するルソーの姿がある。

『新エロイーズ』全四冊、安士正夫訳、岩波文庫、一九六〇—六一年

世紀のベストセラーとなった書簡体小説。現代の読者はその冗長さに唖然とするだろうが、ぜひ最後まで読みとおしてほしい。ルソーの思想のすべてがつまっているので、主要著作を理解するためにはこれを読まずには、何もはじまらないからだ。

『言語起源論』増田真訳、岩波文庫、二〇一六年

言語について考えつづけたルソーの言語論。おどろくほどみじかいが、主要著作を理解するうえできわめて重要な論考である。

『演劇について——ダランベールへの手紙』今野一雄訳、岩波文庫、一九七九年

祖国ジュネーヴと、演劇、スペクタクルにかんして特異な考察が展開される。「ミメーシス」、「カタルシス」、「共同体」といった概念について考えるうえでこんにちでも重要な書である。岩波文庫のものは超訳にちかいので、可能なら後述する『ルソー全集』で読んでほしい。

『孤独な散歩者の夢想』佐々木康之訳、『ルソー選集』第四巻、白水社、一九八六年

晩年のルソーの思考を知るうえで決定的なテクスト。近年の研究で私たちが知るのとはまるでことなるテクストであることがわかってきた。新訳の刊行が待たれる。入手困難だが、とてもむずかしいルソーの文章をかみ砕かずに直訳にちかく再現したこの版を、もしくは『ルソー全集』版をおすすめする。

『学問芸術論』前川貞次郎訳、岩波文庫、一九六八年

実質的なルソーのデビュー作。刊行後の激しい論争のなかで書かれた反論がふされており、彼の思考がどんどん進化していく過程をたどることができる。

『ルソー全集』全一四巻＋別巻二、白水社、一九七八―八四年

残念ながら、現在入手困難だが、文庫化されていない重要な政治的著作や、（かぎられた分量ではあるものの）音楽・美学関連著作、植物学関連テクストなどがおさめられており、ルソーの作品の多面性を知ることができる。すでに役割を終えた翻訳や資料もあるが、『ルソー、ジャン＝ジャックを裁く』など、いまだその輝きを失っていない名訳も読める。

N.D.C. 135.34　132p　18cm
ISBN978-4-06-532859-0

講談社現代新書　2714

今《いま》を生《い》きる思想《しそう》
ジャン＝ジャック・ルソー　「いま、ここ」を問《と》いなおす

二〇二三年七月二〇日第一刷発行

著　者　桑《くわ》瀬《せ》章《しょう》二《じ》郎《ろう》

発行者　鈴木章一
発行所　株式会社講談社
東京都文京区音羽二丁目一二―二一　郵便番号一一二―八〇〇一
電　話　〇三―五三九五―三五二一　編集（現代新書）
〇三―五三九五―四四一五　販売
〇三―五三九五―三六一五　業務
装幀者　中島英樹／中島デザイン
印刷所　株式会社ＫＰＳプロダクツ
製本所　株式会社国宝社
定価はカバーに表示してあります　Printed in Japan

「講談社現代新書」の刊行にあたって

教養は万人が身をもって養い創造すべきものであって、一部の専門家の占有物として、ただ一方的に人々の手もとに配布され伝達されうるものではありません。

しかし、不幸にしてわが国の現状では、教養の重要な養いとなるべき書物は、ほとんど講壇からの天下りや単なる解説に終始し、知識技術を真剣に希求する青少年・学生・一般民衆の根本的な疑問や興味は、けっして十分に答えられ、解きほぐされ、手引きされることがありません。万人の内奥から発した真正の教養への芽ばえが、こうして放置され、むなしく滅びさる運命にゆだねられているのです。

このことは、中・高校だけで教育をおわる人々の成長をはばんでいるだけでなく、大学に進んだり、インテリと目されたりする人々の精神力の健康さえもむしばみ、わが国の文化の実質をまことに脆弱なものにしています。単なる博識以上の根強い思索力・判断力、および確かな技術にささえられた教養を必要とする日本の将来にとって、これは真剣に憂慮されなければならない事態であるといわなければなりません。

わたしたちの「講談社現代新書」は、この事態の克服を意図して計画されたものです。これによってわたしたちは、講壇からの天下りでもなく、単なる解説書でもない、もっぱら万人の魂に生ずる初発的かつ根本的な問題をとらえ、掘り起こし、手引きし、しかも最新の知識への展望を万人に確立させる書物を、新しく世の中に送り出したいと念願しています。

わたしたちは、創業以来民衆を対象とする啓蒙の仕事に専心してきた講談社にとって、これこそもっともふさわしい課題であり、伝統ある出版社としての義務でもあると考えているのです。

一九六四年四月　野間省一

哲学・思想Ⅰ

66 哲学のすすめ——岩崎武雄
159 弁証法はどういう科学か 三浦つとむ
501 ニーチェとの対話——西尾幹二
871 言葉と無意識——丸山圭三郎
898 はじめての構造主義 橋爪大三郎
916 哲学入門一歩前——廣松渉
921 現代思想を読む事典 今村仁司 編
977 哲学の歴史——新田義弘
989 ミシェル・フーコー 内田隆三
1001 今こそマルクスを読み返す 廣松渉
1286 哲学の謎——野矢茂樹
1293 「時間」を哲学する——中島義道
1315 じぶん・この不思議な存在——鷲田清一
1357 新しいヘーゲル——長谷川宏
1383 カントの人間学——中島義道
1401 これがニーチェだ——永井均
1420 無限論の教室——野矢茂樹
1466 ゲーデルの哲学——高橋昌一郎
1575 動物化するポストモダン 東浩紀
1582 ロボットの心——柴田正良
1600 ハイデガー＝存在神秘の哲学——古東哲明
1635 これが現象学だ——谷徹
1638 時間は実在するか 入不二基義
1675 ウィトゲンシュタインはこう考えた 鬼界彰夫
1783 スピノザの世界——上野修
1839 読む哲学事典——田島正樹
1948 理性の限界——高橋昌一郎
1957 リアルのゆくえ——大塚英志 東浩紀
1996 今こそアーレントを読み直す——仲正昌樹
2004 はじめての言語ゲーム——橋爪大三郎
2048 知性の限界——高橋昌一郎
2050 超解読！ はじめてのヘーゲル『精神現象学』 竹田青嗣 西研
2084 はじめての政治哲学 小川仁志
2099 超解読！ はじめてのカント『純粋理性批判』 竹田青嗣
2153 感性の限界——高橋昌一郎
2169 超解読！ はじめてのフッサール『現象学の理念』——竹田青嗣
2185 死別の悲しみに向き合う——坂口幸弘
2279 マックス・ウェーバーを読む——仲正昌樹

哲学・思想Ⅱ

13 論語——貝塚茂樹
285 正しく考えるために 岩崎武雄
324 美について——今道友信
1007 日本の風景・西欧の景観——オギュスタン・ベルク 篠田勝英 訳
1123 はじめてのインド哲学 立川武蔵
1150 「欲望」と資本主義——佐伯啓思
1163 「孫子」を読む——浅野裕一
1247 メタファー思考——瀬戸賢一
1248 20世紀言語学入門 加賀野井秀一
1278 ラカンの精神分析——新宮一成
1358 「教養」とは何か——阿部謹也
1436 古事記と日本書紀 神野志隆光

1439 〈意識〉とは何だろうか 下條信輔
1542 自由はどこまで可能か 森村進
1544 倫理という力——前田英樹
1560 神道の逆襲——菅野覚明
1741 武士道の逆襲——菅野覚明
1749 自由とは何か——佐伯啓思
1763 ソシュールと言語学——町田健
1849 系統樹思考の世界——三中信宏
1867 現代建築に関する16章 五十嵐太郎
2009 ニッポンの思想——佐々木敦
2014 分類思考の世界——三中信宏
2093 ウェブ×ソーシャル×アメリカ 池田純一
2114 いつだって大変な時代——堀井憲一郎

2134 いまを生きるための思想キーワード——仲正昌樹
2155 独立国家のつくりかた 坂口恭平
2167 新しい左翼入門——松尾匡
2168 社会を変えるには——小熊英二
2172 私とは何か——平野啓一郎
2177 わかりあえないことから 平田オリザ
2179 アメリカを動かす思想 小川仁志
2216 まんが 哲学入門——森岡正博 寺田にゃんこふ
2254 教育の力——苫野一徳
2274 現実脱出論——坂口恭平
2290 闘うための哲学書——小川仁志 萱野稔人
2341 ハイデガー哲学入門 仲正昌樹
2437 ハイデガー『存在と時間』入門——轟孝夫